하늘을 쳐다봅니다

고려대학교평생교육원 수필창작과정 앤솔로지

여울의 21번째 이야기

하늘을 쳐다봅니다

이영승 · 문학희 外

여울문학회

발간사

『여울』 제21집을 발간하며

세상이 살기 힘들어도 진솔한 마음을 담아 글 한편을 쓰고 나면 그렇게 흐뭇할 수가 없다. 고려대학교 평생교육원에서 수필로 만나는 글벗들은 이제 배우는 단계를 넘어 함께 서로의 글을 합평하고 격려하며, 예리한 퇴고를 통해 도전받고 성장하는 성숙한 문인 평생 동지들이다.

몇 편씩의 글들을 모아 펴내온 지도 어언 20여 년이 지나, 스물한 번째 책을 엮게 되었다. 세월이 빠르다고 하지만 강산이 두 번 바뀌는 동안 꾸준히 한 해도 거르지 않고 독자들께 인사드릴 수 있어서 행복했다. 특히 이번 여울 제21집 발간은 또 다른 시작인 것 같아 가슴 설레고 기쁘기 한량없다.

그동안 마당을 계속 열어주신 고려대학교 평생교육원에 감사드린다. 사랑으로 읽어주신 독자 여러분께도 고개 숙여 인사드린다. 올해에도 서 말 구슬을 여전히 잘 꿰어주신 유경희 글벗의 수고에 따뜻한 마음을 담아 고마움을 전한다. 곱게 책을 만들어주신 문학공원에도 감사의 인사를 드린다.

스물 한 살이면 어엿한 청년이 되었으니 더 알찬 작품을 써서 독자들과 만나고 수필문학의 발전에도 힘을 보태는 일에 전념할 것을 다짐하며 여울 제 21집을 독자여러분께 펴 보인다.

2020년 1월 20일

여울문학회

차 례

3부 사랑의 전도사

4부 수필 수업

초대수필

오경자(지도교수)

초대 수필

철부지의 다짐

오 경 자

아들이 세 살쯤인가, 겨우 말을 시작하고 얼마 되지 않았을 때 일이다. 저만치서 놀던 애가 무릎을 파고들더니 "엄마 내가 커서 돈 많이 벌어가지고 곗돈 많이 줄게."하면서 목을 끌어안았다. 하도 기가 막혀서 '곗돈이 무언지 아느냐?'고 물었더니 '엄마가 맨날 곗돈 걱정했지 않느냐?'며 자못 심각한 표정으로 빤히 올려다보는 얼굴이 어른스러워서 슬펐다. '애가 벌써 이렇게 자랐나' 싶어 대견한 생각보다는 '어쩌다가 저 천진해야할 아이 입에서 저런 소리가 나오도록 만들었나' 싶으니 에미의 처신이 부끄럽고 당황스러웠다.

그때 아이가 "엄마 걱정하지 마. 내가 계돈 많이 줄게." 라고 말했다면 내 마음이 착잡하지 않고 그저 웃고 말았을 것 같다. 그것은 그 아이의 수준에 맞는 이야기니까, 대책 없이 지금의 엄마 걱정을 덜어주고 싶다는 열망의 표현 정도가 세 살배기 아이의 눈높이에 걸맞은 대답이기에 말이다. 그런데 그 아이는 '제가 자라서 능력이 생긴 후에 해주겠다'는 매우 구체적이고 실천 가능한, 계획성 있는 말을 하고 있기에 어미는 가슴이 아프고 감격스러웠던 것이다.

우리는 다짐의 말들을 많이 하면서 살아간다. 웅변대회장에서 초등학교 5,6학년 아이들이 두 손을 번쩍 들면서 "이러이러해야 한다고

이 연사 강력히 외칩니다."하면 장내는 박수를 쏟아내고 아이는 회심의 미소를 지으면서 연단을 내려오기 마련이다. 많이 보아온 장면이다. 왜 갑자기 방송을 듣다가 이 장면이 생각나는지 알다가도 모를 일이다. 매우 불경스럽게 들릴지 모르겠으나 대통령의 한일 관계 대응 발언을 들으면서 웅변대회장의 장면이 겹쳐 흐르니 내가 망령이 났다 싶기도 하다. 고개를 가로 저으며 '아니야, 아니야'를 연발해 봐도 여전히 앳된 초등학교 아이의 다짐이 귓전을 울린다.

일본의 하는 짓이야 분개해 마지않을 뿐만 아니라 단호한 다짐을 열두 번 해도 모자랄 정도의 일이고 천부당만부당한 일이지만 저렇게 울분에 찬 다짐을 대통령이 하고 있을 때가 아닌 것 같아 고개는 자꾸 거세게 도리질을 친다. 저 정도의 말은 국민들이나 시민단체가 할 말이고 대통령은 정책적이고 외교적인 실효성 있는 구체적 이야기를 하든지 아니면 오히려 침묵하는 게 낫다는 생각이 든다.

세 살짜리 아이도 엄마 계돈 걱정을 들으면서 제가 어서 자라서 돈을 많이 벌어가지고 엄마를 도와주겠다는 구체적인 대안을 제시하는데 하물며 한나라의 선장이 웅변대회 마지막 같은 울분의 호소에 가까운 다짐만 하는 것은 아무리 생각해도 이해가 되지 않는다. 분명한 것은 이것이 정답이라는 말이 아니고 그저 한 노파의 생각일 뿐임을 분명히 밝혀둔다. 대통령의 타는 심정이야 왜 이해를 못하랴? 누구보다도 제일 속이 탈 사람도 대통령임 또한 잘 안다. 조그만 단체의 회장만 맡아도 잘 이끌고 갈 생각에 밤잠을 설치는데 한 나라의 운명을 두 어깨에 짊어진 그 고뇌를 이해하지 못한다면 분명 저능아일 것이니 딱한 처지야 어찌 측은한 마음 없이 바라볼 수 있으랴.

우리나라 경제에 미칠 치명적인 타격을 계산하고 치밀하게 시작한 원자재 수출제한 조치를 비롯한 일련의 정책은 총 대신 무역으로 우리의 숨통을 한껏 조이겠다는 것인데 이래서는 안 된다. 우리가 꼭 일본을 넘어서고 말겠다는 등의 내용을 담고 있는 발표만으로 무슨 소용이 있는가 묻고 싶다. 전쟁은 책략으로 하는 것이다. 우리가 자존심 싸움을 할 때가 아니라 머리싸움을 해야 하고 그 방법은 외교라는 루트를 통하는 것이 첩경이라 생각한다. 입추가 지났건만 날씨는 여전히 무덥고 가슴은 바작바작 타들어간다.

8월 15일 우리의 광복절에 일본 왕은 정중히 고개를 숙이고, 아베 수상은 여전히 야스쿠니 신사에 공물을 보란 듯이 바치고 있다. 이것이 일본의 실체라면 우리도 그에 상응한 조치를 취해야 한다. 현실을 직시한 실익 있는 정책을 우리는 기대한다. 웅변대회장 열정의 연사가 외치는 뜨거운 함성보다 얼음처럼 차가운 냉엄한 현실을 뚫고 나갈 수 있는 비수 같은 정책을 기다린다. 그 소리를 들으려고 쫑긋 세운 귀가 더 피곤해지기 전에 소나기 같은 한 줄기, 촌철살인격의 대책을 듣고 싶다. 더 이상 철부지의 다짐 같은 외침은 사절이다.

언론회관 앞에서 서성이고 있다. 길 건너 서울시의회 건물을 바라보는데 자꾸 눈시울이 아려온다. 60년 전 봄날 이곳에 앉아서 정의를 외치며 주먹을 부르쥐던 호랑이들이 보고 싶다. 다 어디로 갔는가? 그때는 한 덩어리가 여기 있었는데 오늘은 어째 갈기갈기 찢어진 것 같은 무리들이 거리를 누비고 있는 것인가? 우리가 이런 꼴을 보자고 이제껏 살아서 내년 4.19학생의거 60주년을 맞아야 한단 말인가? 이 빠진 호랑이들일망정 두 눈 부릅뜨고 제대로 가는 나라를 위해 밤잠을 설치는 그들 같은 선대가 있어 오늘이 있음을 생각할 줄 아는 정치인들이 많아졌으면 좋겠다. 소박한 그 소망 하나 하늘에 거는데 북악이 손에 쥐어질 듯 가깝다. 처연한 이 심사 어쩌라고 푸른 천정은 구름한 점 없는 것이냐.

정의, 자유, 귓전을 울리는 그리운 이 소리가 철부지의 함성을 지워버린다. 그러면 그렇지.

– 2019. 8. 16.

1부

글감을 주는 남자

친구 외 1편

최 학 용

요란한 벨소리! 추석 며칠 전 비 내리는 늦은 밤이다.

모자를 푹 눌러쓴 사람이 화면에 비친다. 지하주차장, 이 늦은 시간에 누구일까? 문을 여니 벌써 택배 상자를 던지고 갔다. 송편이었다. 깨와 팥을 넣은 아직도 식지 않고 말랑한 송편이다. 보낸 사람은 볼 것도 없이 친한 친구 성자가 보낸 선물임을 금방 알았다. 그 자리서 정신없이 몇 개를 단숨에 먹었다. 꿀맛이다. 떡보인 내 입맛에 꼭 맞는 떡을 만났다. 밥보다 떡을 더 즐기는 나를 아는 사람들은 나를 떡보라 부른다. 이친구도 내가 떡을 좋아 하는 줄 알고 있다.

22년 전, 위 수술 일정을 잡아놓은 추석 며칠 전이 다시 떠오른다. 수술의 두려움에 많이 떨고 있었다. '수술하면 올해 추석 송편은 물론 좋아하는 떡을 먹을 수 없겠구나.'하는 생각에 걱정이 앞섰다. 이 마음을 알아차린 언니가 추석 전에 송편을 손수 만들어 왔다. 얼마나 많이 먹었는지 다 놀라서 걱정을 많이 했다. 그때 내 생각은 먹고 싶은 것 실컷 먹자! 죽을지도 모르니 하는 생각이었다.

이렇게 떡을 많이 먹고도 소화 잘 시켰는데 무슨 수술을? 항암제 4회 맞은 결과라 생각했다. 식구들은 축하 잔치라도 열려던 분위기였다. 암 덩이를 줄여서 수술하자고 했다. 최종 검사한다고 개복수술을 한다던 날이다. 개복 후 그냥 닫은 줄 알았다. 하늘이 무너지는 것 같은 내 심경의 변화를 어쩌란 말인가?

수술의사 두 명의 대화 속에서 위 완전절제를 알았던 순간. 하늘이 노랗게 보이며 살고 싶지 않았다. 여덟 시간이나 걸린 수술이었단다. 수술 부위의 통증이 심한 상태라 '왜 보호자와 상의도 없었냐?'는 말 한마디도 못하고 울기만 했다. 내가 의학용어를 알지 못했어도 당장 알아채지 못했을 일이었다. 봉합한 자리가 터질 것 같은 통증, 소리 질러 울고 싶은 마음을 꾹 눌러야했다. 부모님께 위궤양이라고 했어도 눈치 채신 부모님 때문이었다. 그때 부모 마음 내가부모 되어 보니 충분히 알만했다. 떼어낸 위를 조직검사 하니 또 항암제를 맞아야 할 상황은 아니라 했다. 그 결과만도 천만 다행이라 여길 수밖에 없었다. 그 후 힘들어 하는 나를 안으시고 '쓸개 없는 놈 사는 것은 보았어도 밥통 없이 네가 어찌 살아 갈 것이냐'며 통곡하시던 아버지의 그 외침. 할머니 돌아가셨을 때보다 더 큰 울음이었음이 지금도 마음 아프다. 그리고 추석 때마다 떠오르는 가슴 아픈 추억이다. 아들딸은 요즘도 그때 다른 병원 한 군데 더 가봤으면 위 전체를 다 떼내지는 않았을 지도 모른다며 아쉬워 할 때도 있다. 엄마의 삶에 위없는 고통을 보고 안타까워하는 마음 때문이리라.

오늘은 담석증 때문에 6시간 금식 후 CT 검사를 한 날이다. 한 시간 전 치과치료도 했다. 물 한 모금도 마시면 안 되는 검사다. 시간 아낀다고 한날에 예약을 했더니 힘든 날이다. 검사 후 어지럼증 때문에 누구나 겁을 내는 검사였는데 다행히 심한 어지럼증 없이 잘 끝냈다.

검사 후 먹고 싶은 게 많았다. 그래도 속이 제일 편한 전복죽이 좋을 거라는 남편의 권유를 따랐다. 점심 겸 저녁으로 잘 먹었다. 저녁밥이 좀 일렀었기에 좀 출출함도 느낀 순간이었다. 기운 없어 일찍 자려던 차에 송편을 만난 것이다.

나보다 몇 해 전 폐암 수술 후 많이 힘들어했던 친구가 보냈다. 하던 일을 다 접고 아내만을 위해 헌신하고 있는 남편과 가족들 덕에 많이 좋아졌다. 요즘은 살림도 한다. 자주 만나지는 못해도 마음이 통하는 친구다. 이번엔 친구에게 추석 선물도 못 챙겼음이 심히 송구스럽다. 친구의 정성으로라도 내가 살아야 할 이유가 충분하다. 고등학교 때 위궤양을 오래도록 앓았던 나다. 엄마가 죽을 쑤어서 수위실에 맡기고 가셨다. 칠남매에 얼마나 분주한 살림이셨을까? 요즘 뼈저리게 실감하며 부모님께 불효했던 일들이 생각난다. 엄마가 가져오신 죽을 먹는 시간 맞추어, 학교 앞 자취방 연탄불에 물을 데워오던 친구다. 나 갈 때마다 담임선생님의 외출증이 있어야 나갈 수 있는 번거로움도 아랑곳 하지 않고. 돈암동서 전차로 북아현동까지 오는 엄마는 엄마라서 지만, 송편 보낸 친구야말로 지극정성인 친구다. 오래도록 우정을 나누고 싶다. 그 고마움은 하늘이 갚아 주셔야할 감사라 여긴다. 추석 후 친구를 불러 전화로만 나누던 밀린 정을 나누어야겠다.

– 2019. 9.

휴대폰 속 10대들

최 학 용

감색 교복에 흰 칼라의 앳된 여학생들, 담임이셨던 박 선생님 휴대폰 속에 겹쳐 앉은 듯 포즈를 취한 67명. 60년 전 고등학교 1학년 2반 친구들이다. 지금은 다 할머니가 된 계집애들이다. 담임선생님 휴대폰 속에 수북하게 앉아 있는 우리다. 요즘과 비교하면 얼마나 많은 학생 수인가? 딸이 담임한 고1학생 한반이 20명이 안 된다니 격세지감을 느낀다. 촘촘히 포즈를 취한 우리들 사이로 꽃밭에 앉으신 듯 활짝 웃으시는 한 젊은 오빠(?)는 담임 선생님이셨다.

작은 사진 속에서도 얼굴은 모두 생각나는데 이름은 잘 떠오르지 않는다. 세상 떠난 친구도 몇몇 있음이 마음 아프다. 금수저 흙수저의 구별도 없이 순수했던 옛날이었다. 교실이 비좁을 정도의 몸집들이었다. 우리는 서로 부딪히며 왁자지껄 웃음이 그치지 않고 지낸 추억의 고교 1학년 2반이었다. 화자란 이름이 한반에 4명이나 되었던 일도 추억거리다. 편의상 화자 a, b, c, d로 구분했던 시절이었다. 이름도 유행이 있었다. 지금도 우리들 사진을 휴대폰에 저장하고 계심이 가슴 벅찬 감동이다. 아마 처음 부임해서 맡으신 담임이라 감회가 남다르셨던 것 같다.

그 시절로 돌아가고 싶은 마음 나에게 만의 설렘일까? 17세 꽃다웠던 시절, 낙엽 굴러가는 것만 보아도 데굴데굴 굴듯이 웃음 터뜨리던 우리였다. 담임을 맡으셨던 선생님께서 미국에서 오셨다. 연락 받고 동네 사는 친구와 선생님을 시내 한 중식당에 자리를 마련해 모셨다. 밀린 대화중에 사모님과 사별하신 후 지금 사모님을 만난 얘기며, 1남 3녀를 두셨는데 다 효성이 지극하다는 자랑도 하셨다. '선생님께서 복이 많으시구나.'하는 생각이 들었다. 우리 가르치실 때 우리 학교에서는 물론 서울 장안에서 유명한 수학 선생님이셨다. 그때는 학교 수업 후 다른 학원의 강사로 강의하는 제도가 허락 된 때였다. 같이 간 친구는 반장이었으니 확실히 기억하고 계셨고, 수학을 못했던 나는 문학소녀로 기억하고 계심이 감사했다.

우리와 10년 정도의 연령 차이뿐이셨다. 88세에 허리도 꼿꼿하시고 시력도 청력도 좋으셨다. 6.25 참전용사였다고 자랑도하셨다. 졸업 후 한번 뵌 적이 있었고, 거의 반세기만의 스승과 제자와의 만남이었다. 벅찬 감격이 목까지 차오름은 '또 뵐 수 있을까?'하는 생각 때문이리라. 늘 찾아뵙던 스승님들께서 거의 세상을 뜨셨다. 연락을 주셔서 귀한 스승님을 뵐 기회 주심에 감사드린다.

미국 어디, 어느 교회를 가셔도 제자가 한 둘씩 있어 반겨주기에 교육자였던 자신이 자랑스럽고, 좋은 제자 있음이 흐뭇하다고 하셨다.

댁에 가셔서 문자를 주셨다. '학용 선생! 집에 와서 보니 너무 과분한 대접을 받아 부담을 느끼네. 옛날 내 스승께서 하신 말씀이 생각나네. '제자 만나면 그 제자를 먼저 대접하게.'라고 하신 말씀이. 다음에 만나면 나도 이 말씀 실천할 수 있는 기회를 갖고 싶어'라고. 같이 간 반장이 점심을 대접했고 내가 사모님 모시고 식사 한번 하셔요. 라 써드린 작은 성의 담긴 봉투에 부담을 느끼셨나 보다.

뵙고 한 달이 지났다. 어떻게 지내시는지 전화 한 번도 못 드렸다. 어제 전화로 내일 미국으로 떠난다고 하셨다. 처음 오셔서 전화 하실 때보다 음성에 힘이 없으셨다. '또 나오시면 꼭 전화 주셔요. 선생님' '또 나올 수 있을지?' 전화가 멀어지며 떨리는 음성이셨다. 선생님! 죄송해요 전화도 못 드렸네요. 한번이라도 더 모실 걸 후회가 되었다. 남은 여생 기도하시는 장로님으로 강건하시기를, 그리고 미국과 한국을 더 왕래하실 수 있는 건강의 복을 빌며 사제 간의 정을 느꼈다. 스승님의 휴대폰 속 67명이 함께 웃는 정다운 미소가 머릿속에 저장 되는 행복한 순간이다.

– 2019. 6.

얼마나 기다렸는데 외 1편

김 성 윤

골반과 허리가 아파서 잠을 잘 못 잤다. 그 정도는 괜찮았다. 아주 심해져서 발뒤꿈치를 바닥에 디디지 못할 정도로 당기고 아프다. 진통제와 소염제를 먹어도 걸어 다닐 수가 없다. 진통제를 먹어 허벅지에 대상포진이 오는지도 몰랐다. 아프기는 했지만 늦게 발견을 했다면 아마도 큰일이 나고 말았을 것이다. 통증클리닉을 다니면서 주사를 맞고 한의원에 다니면서 침을 맞았다. 그런데다가 몸이 과로와 화병으로 먹은 것이 올라오고 가슴이 답답하고 소화가 되지 않았다. 몸이 지탱할 수 없는 상태가 되었다. 할 일은 많은데, 왜 이렇게 아픈지. 성당에서는 어떻게 알았는지 데레사 자매가 많이 아프다는 소문이 돌고 있었다.

다행히 장애인복지관에서 개관기념일이라고 하여 2년 동안 무료로 2번 물리치료 상담을 받아서 살살 달래가면서 계속 스트레칭을 하고 있다. 물리치료선생님은 물리치료받기 위해서는 나의 대기 순서로는 100명이 넘게 기다려야 한다고 말했다. 가르쳐주고 싶은 것이 많다고 하였다. 그나마 지금은 운동을 하면서 자전거를 잘 활용하여 타고 다닌다.

몸이 전체적으로 밑바닥까지 약해져서 마음을 비우고 운동을 많이 해야 살 수 있다고 한다. 한의사는 단전호흡을 하라고 권했다. 마침 주민센터에서 매주 월, 수, 금요일 3번 오전 9시부터 10시까지 운동을 하였다. 오후에는 재활의원에서 코끼리자전거를 1시간씩 타고 저녁에는 스트레칭을 하고 잤다. 내가 왜 이렇게 운동을 해야 하나, 다 포기하고 싶다. 몸이 너무 피곤하고 몸살기운으로 주말에는 끙끙 앓는다. 직장도 다녀야 하고 다른 일도 해야 하고 책도 읽어야 하고 시 공부도 해야 한다. 그런 것도 다 포기하고 싶다. 다른 사람들은 편안하게 사는 것만 같이 보인다. 이제는 몸이 따라주지 않아서 문학기행도 못 따라가고 어디 나가서 돌아다니기가 힘든 상태다. 몸이 좋아지면 모르지만 앞으로는 더 힘들 것 같다. 아니 지금 몸 상태만 유지돼도 좋겠다. 그나마 하는 것들이 있어서 버티고 있는지도 모르는 일이다. 그래도 희망과 꿈이 있기에 말이다.

거의 3년 가까이 물리치료 받기를 기다렸다. 어느 날 연락이 왔다. 물리치료프로그램이 없어졌다고 다른 곳으로 소개시켜 주겠다고 말이다. 그 기간 동안 많이 아파서 고생을 하면서도 기다리는 희망이 있었는데, 없어졌다니 기가 막혔다. 그러나 자전거 타고 단전호흡을 하고 스트레칭을 하면서 그래도 많이 좋아졌다. 아직도 골반과 허리가 아프다. 단지 더 아파서 앉은뱅이가 되지 않기를 바랄뿐이다. 물리치료 비용이 비싸고 오고가는 거리가 너무나 멀다. 또한 물리치료도 2년 밖에 못 받는다. 그럼 또 다른 병원으로 찾아가야 한다. 물리치료 선생님은 부족하고 장애인들은 많다. 또한 정보를 몰라서 엉뚱한 곳에서 치료를 잘못 받아서 고생을 하고 더 나빠지는 사람도 있다. 아니면 정보를 몰라서 그냥 아픔을 견디다가 일생을 마치는 사람도 있다. 어떤 장애인은 물리치료를 받기 위하여 6년을 기다리고 있다고 한다. 이 비극적인 현실이 정말 싫다.

정말 죽도록 운동이 하기 싫다. 그냥 편안하게 살고 싶다. 살겠다고 몸부림친다. 그러나 운동도 힘들고 직장생활도 힘들다. 읽지 못한 책들이 자꾸 쌓여만 간다. 마음은 아직 청춘인데 몸이 따라주지 않는다. 의사는 잠을 8시간 넘게 자고 잘 먹어야 한다고 한다. 아직도 8시간 넘게 못자고 몸은 피곤하다보니, 밥맛없는 것은 당연한 일이다.

그냥 일 안하고 먹고 살만한 부자였으면 좋겠다. 그것은 나에게 불가능한 일이다. 이 나이 동안 나는 뭐했는가? 다른 사람들은 기반을 다 잡아서 편안한 생활을 하는데, 장애인이라는 인생이 직업을 구하기 힘들어서 세월만 보냈다. 이 나이에 돈을 벌어놓은 것이 없으니, 계속 직장을 다녀야 하는데, 직장에 다니는 것도 언제 또 실업자가 될지 모르는 일이다. 늘 두려움에 떨고 있다. 몸은 이제 점점 더 노화가 올 것이다.

죽는 날까지 힘들어도 아파도 열심히 살아야지. 결국 자기 자신과 싸움이다. 피할 수 없는 운명이 희망과 절망 사이에 왔다 갔다 하지만, 그래도 희망이 있어 버티고 있는지 모르겠다. 눈이 빠지게 기다리던 물리치료는 물 건너갔지만 말이다.

— 2019. 10. 8.

보조바퀴

김 성 윤

벌써 자전거를 타기 시작한 것도 1년 10개월이 넘어간다. 그만큼 열심히 돌아다니고 성실히 살았다는 증거이다. 자전거가 나의 다리가 되어주었다. 이 세상에 영원한 것은 없는 것 같다. 보조바퀴가 다 닳아서 바람이 빠졌다. 쯧쯧……. 주인을 잘못 만나서 그동안 고생이 많았다.

네 바퀴가 달린 자전거여서 동네에서 고칠 수가 없다. 주문한 곳에 직접 가서 수리를 받아야 한다. 어떻게 그곳까지 가느냐가 문제다. 사장은 인건비가 비싸서 혼자 운영을 하기 때문에 직접 방문해서 고쳐주지 못한다고 한다. 결국에 장애인 콜택시를 불렀다. 그런데 휠체어는 싣지만 자전거는 안 된다고 한다. 다행히 자전거가 들어가기에 사정을 해서 타게 되었다.

송파구 문정로 195번지에 내려 주어야 하는데, 스마트폰으로 예약을 했다. 그런데 송파구 문정동 195번지로 내 발음을 잘못 듣고 차가 알지도 못하는 처음 오는 길에 내려주었다. 내 언어장애가 또 이렇게 힘들게 만들었다. 이곳에서 어떻게 자전거를 끌고 가야하는지? 막막했다. 사람들에게 물어보니, 자전거로 10~20분이면 간다고 했다. 도저히 갈 엄두가 나지 않았다. 길에서 어떤 아가씨에게 물어보니, 자기가 그곳까지 같이 가주겠다고 했다. 10분만 기다리라고 하더니 자기 자전거를 끌고 나왔다. 앞서거니 뒤서거니 하면서 같이 가주었다. 보조바퀴 한쪽이 바람이 빠져서 비틀거리고 바퀴가 잘 돌아가지 않아서 자전거를 타고 가고, 끌고 가고, 넘어지고 힘들어 온 몸이 땀으로 범벅이 되었다. 가는 길이 왜 이렇게 멀게만 느껴지는지 모르겠다. 아가씨는 내가 걱정이 되어 괜찮으냐고 자꾸 물어본다. 난 괜찮다고 계속 대답했다.

앞에 가는 아가씨가 무척이나 고마워 '주님, 아름다운 마음씨를 가진 천사를 보내주셔서 감사합니다. 그 천사에게 하는 모든 일들이 잘 되게 도와주세요.'라고 간절히 화살기도를 했다. 아가씨에게 '무척이나 고맙고 귀한 시간을 빼앗아 어떻게 하냐?'고 했더니, 자기는 '외국여행 다니면서 이보다 더 어려운 상황에서 도움을 많이 받았다'며 '이것은 아무것도 아니에요.'라고 한다. 이런 아가씨가 있기에 세상은 아직 살만하다. 그 천사가 없었다면 어찌되었을까? 생각만 해도 끔찍하다. 사람이 죽으라는 법은 없는 것 같다. 난 아무도 도와주지 못하고 받기만 하고 산 것 같아 부끄럽다. 나도 어려운 사람이 있으면 꼭 도와주어야지 다짐을 해본다.

자전거를 고쳤는데, 집에 갈 일이 걱정이다. 안 되는 것 알면서 또 사정을 해서 장애인콜택시를 불러서 타고 왔다. 다른 장애인들이 휠체어를 태우는 곳에 엉뚱한 물건들을 실어서 사람들과 자주 싸운다고 한다. 그래서 다른 것들은 싣지 못 하게 되어있다고 한다. 자전거도 사실은 보장구에 들어가야 한다. 사실 난 휠체어보다 자전거를 탈 수 있으면 자전거 타기를 권하고 싶다. 휠체어는 운동과 재활에 도움이 안 된다. 전동휠체어나 자전거나 위험하기는 마찬가지다. 그러고 보면 장애인들을 위해 고쳐야 할 것이 한두 가지가 아니다. 이런저런 것들을 생각하니, 마음이 너무나 아프다.

아침에 단전호흡을 마치고 10시 넘어서 출발했다. 결국에 헤매고 다녀서 오후 3시에야 집에 도착했다. 점심은 굶고, 넘어져서 무릎과 팔이 까져서 피가 나고 멍이 들었다. 다리와 팔에 또 몇 군데가 훈장이 생겼다. 오늘은 참으로 끔찍한 하루였다. 며칠 전에 돌아가신 고모가 보이고, 오늘 아침에 새벽미사 보고 오면서 쥐와 비둘기가 죽은 것을 보았다. 그래서 아침부터 기분이 좋지 않았다. 직장에 오후 1시 30분까지 출근도 못하고 스마트폰으로 휴가를 냈다. 휴가처리가 되어서 다행이다.

내가 헤매고 다니는 동안 어머니에게서 수없이 스마트폰으로 연락이 왔다. 차를 타고 오는데, 비가 억수같이 내린다. 집에 도착하니, 아버지께서 나오시면서 고생 많았다고 하신다. 다음에 또 고장이 나면 어떻게 할지 걱정이다. 그때 일은 그때 걱정하자. 내일 또 자전거와 동행하면서 세상 속으로 씽씽 달려보자. 그나마 자전거가 없으면 난 집에만 있어야 하는 상태이다.

자전거야 징말 고마워! 주인 잘못 만나서 정말 고생이 많구나!

– 2019. 7. 15.

꽃미남 외 1편

이 기 화

'앉으나 서나 당신 생각뿐'이라더니 요사이는 쓰던 글도 멈추고 '온통 동생 생각뿐'이다.

사별이라는 것이 얼마나 마음을 어렵게 하는지 알 수가 있을 것만 같았다. 얼마 전에 동생을 보살피며 데리고 있던 작은 언니한테서 전화가 왔다. 자꾸 동생생각이 나 울적하다고 한다. 나는 가끔 한 번씩 동생을 보았고 작은 언니는 같이 살아서 미운 정 고운 정이 들어 더 애틋할 것이 당연지사다. 날 보는 사람이 얼굴이 안 되어 보인다고 힘내라고 편지를 써주는 사람도 있다.

20일 주일날 전화했더니 장이 막히고 복수가 차서 입원했다고 했다. 월요일날 위태하여 밤을 넘기기가 어렵다고 전화가 왔다. 직원교육으로 부흥집회가 있었는데 제발 살려달라고 통곡하며 기도를 했다. 얼마나 목을 놓아 울었는지 목소리가 나오지 않았다. 새벽에 혹시나 해서 문자를 보았더니 '새벽 1시 45분에 소천'이라고 쓰여 있었다.

동생은 2019년 10월 22일 세상을 떠났다.

배가 풍선처럼 부풀어 올라서 장이 막혀 며칠을 금식하며 배고픈데 먹을 것을 안 준다고 소리 지르며 항의했다고. 사인은 결장 소염이다. 장이 뒤틀린 것이다. 주사기를 손목과 밑으로 꽂아도 들어가지 않아 치료도 안 되었다고. 내가 편히 자고 있을 때 검은 물을 토하며 배를 움켜쥐며 울면서 죽어간 것이다. 얼마나 아팠을까? 본인이 아니면 그것을 알 수 없는 법. 그 옆에서 지켜보던 작은 언니가 임종을 지켜보았고 부모님의 임종도 그랬었다. 순천향병원에서 천안장례식장으로 옮겨서 1시 넘어 장례식장이 차려지니 출근했다가 오후에 오라고 전화가 왔다. 직장에 얘기를 하려는데 눈물이 앞을 가린다.

동생은 같은 병으로 14번 입원을 해 치료를 하고 퇴원했고, 15번째도 치료가 될 줄 알았었다.

입관할 때 얼굴을 보니 염하는 분이 깨끗이 씻었다고 말씀을 하시며 손으로 만져 보란다. 난 동생의 얼굴을 만져 보았다. 조각미남에다 천당에 가서인지 천사와 같이 편안해 보인다.

동생이 어렸을 때 아버지가 동생 코에다 자기 코를 대고 코조심(코끼리 닿는 것)을 한 것은 그만큼 애정이 가기 때문이 아닐까.

수의 입혀 놓고 위에 십자가 7개를 차례로 올리고 관에도 장미꽃과 안개꽃으로 7개를 넣고 그 위에 동생을 넣었다. 22일 7시 입관예배 23일 10시 발인예배. 화장터로 향하여 천안추모공원 도착 후 예배를 드린다.

열린 천국 문 내가 들어가
세상 짐을 내려놓고
빛난 면류관 받아 쓰고서
주와 함께 길이 살리

눈물이 쏟아지는데 목이 터져라 크게 불렀다.

붉은 십자가가 그려진 하이얀 보자기로 싸인 관이 화장하러 가는 레일을 타고 재빠르게 빨려 들어간다. 관이 점점 작아지더니 보이지를 않는다.

몇 시간 후 골분이 나왔다. 묘지를 관리할 자녀가 없으니 부모님 묻힌 산소의 비석 뒤에 가로 60cm 깊이 60cm 구덩이를 파고 아직도 온기가 식지 않은 하이얀 골분 목재항아리를 묻었다.

동생은 그렇게 갔다. 환갑을 두 달 남기고 뭐가 그리 급하다고 먼저 갔는가. 단풍잎은 저리도 고운데.

42년 전 중앙고 2학년 18살 때 연탄가스 맡고 정신이 이상해져 머리에 수건을 쓰고 거울을 보며 웃고 헛소리를 하더니 실어증 걸린 사람처럼 입을 굳게 닫아버렸다. 굿도 해보고 이모 소개로 절(그때는 예수를 믿지 않으심)에도 보내보았으나 견디기 힘들었는지 30리도 넘는 길을 산 넘고 물 건너 집으로 왔을 때는 치아 여러 개가 없어져 버리고(절에서 얻어맞아서인 것 같은데) 말을 하지 않으니 알 수가 없었다. 어머니는 오산리기도원으로 데리고 가서 금식기도하고 성심기도원으로도 몇 년 동안 보내보았다. 작은 언니 월급 타는 족족 동생 병원치료비로 들어가기 바빴고 동생이 집으로 왔을 때는 내가 병원에서 약을 처방 받아 우편으로 보내다 결혼으로 하지 못하게 되어 큰 언니한테 부탁해서 큰 언니가 대신 약을 보내게 되었다. 병원에 오래 입원해도 차도가 좋아지지 않아 집에 있게 되었는데 동네 어떤 사람이 맞아야 낫는다며 두드려 패서 피투성이로 만들어 죽을 뻔도 하였다. 오빠는 동생 때문에 장가 못 간다고 한탄을 하여 자매간 회의를 해 목돈을 주고 장기요양원에 맡기기로 결정이 되었다.

결정된 것을 어머니께 알려 드리니 '내 눈에 흙이 들어가기 전에는 못 보낸다.'하며 완강히 거절하셨다. 생이별이라 도무지 싫으셨던 것이다. 어느 누가 자식을 보내고 싶겠는가 하고 공감이 가기도 하였다. 그 이후로도 고난의 여정은 계속되었다. 비용, 마음고생, 따가운 시선 등은 이루 말 할 수 없었다.

장애등록을 받으면 혜택이 있다고 하며 동사무소 가서 서류를 가져다 사진을 붙이고 병원에서 장애진단서를 받아 동사무소에 제출하였다. 잠시 기다리니 정신장애 2급이 판정되어 10만원씩 장애수당이 나오게 되었다. 발품을 팔아 치료비에 보탬이 되어 다행이었다.

대화가 되지 않고 헛소리하고 이가 몇 개밖에 안 남았는데도 치과 가면 난리가 나고 치료를 할 수가 없었다. 잘 씹지를 못하니까 데리고 있는 작은 언니가 과일이나 반찬을 가위로 잘게 썰어 먹기 좋게 해주고 또 오줌을 수시로 옷에 지리니 이불이며 옷을 갈아입혀도 지린내가 진동을 하였다. 물을 자주 마시니 당연히 그럴 수밖에 없을 것이다. 오줌을 왜 쌌냐고 하면 안 쌌다고 소리 지른다. 이불이고 옷이고 날마다 물에 담갔다가 손으로 빠는 언니를 보며 안쓰러워 세탁기를 돌리라고 세탁망을 사다 주어도 사용하지 않고 손으로 빨기 일쑤였다.

큰 언니와 내가 하는 말이 우리는 하루도 못 데리고 있겠다고 말하기도 했다. 작은 언니가 교회를 데리고 다니며 찬송가나 흘러간 노래를 부르자고 하면 가사를 다 기억하여 곧잘 불렀으며 토요일만 되면 목욕을 하고 주일을 준비했다. 빠지지 않고 주일을 잘 지키는 것이다. 작은 언니는 일주일에 한 번씩 머리를 다듬어주는 일도 자원했다.

동생은 아침에 밥을 먹고 미장원 문을 열며 자른 머리칼이 나오면

쓸고 파마할 때는 롯트와 부직포, 고무줄을 집어주는 것이 아닌가. 그리고 '희관이 왜 안 왔냐?' 물어보기도 하였다. 빠지지 않고 오래 다니니 집사 직책도 받았다. 병원에서 있을 때보다 훨씬 좋아지고 어느 정도는 대화도 가능해지게 되어 장애 3급 판정을 받았다. 기적이 아닐 수 없다.

작은 언니의 수고와 애씀에 대해서는 이루 말할 수가 없다. 시집갈 때는 부모님께 잘해드리고 싶어 고향 천안으로 시집을 갔다. 어머니 돌아가실 때는 동생과 오빠도 잘 돌보겠다고 안심도 시켜드렸다.

영정사진을 보니까 내 동생 진짜 잘생겼다.

살아있을 때 파란 모자에 하얀 글씨로 꽃미남이라 쓴 것을 조카 채민이가 괜히 사준 게 아니었다. 평소에는 고개를 수그리고 바짝 말라 눈이 퀭해 보였다. 작은 숄더백 메고 누군가를 기다리던 모습. 그 사람이 바로 요구르트 아줌마였다. 여러 사람들이 건넨 용돈으로 요구르트 10개를 또는 20개를 사서 냉장고에 넣어 시원하게 해놓는다. 미장원에 오는 사람마다 한 병씩을 건네주고는 얼마 후 받은 사람들에게 또 건넨다. 먹었다고 해도 또 주는 것이다. 주는 기쁨을 알게 되어서일까.

12월 30일 총동문회에 5남매가 무대에서 노래를 부르기로 했었는데 4명이서 '섬마을 선생님'을 부르는데 동생이 뛰어올 것만 같았다.

가족이 내 곁을 떠났다는 것 목소리를 들을 수 없다는 것, 볼 수가 없다는 것은 참으로 슬프기가 그지없다. 상실감이 이루 말할 수 없다.

글을 쓸 때 골똘히 생각하느라 그런지 두통이 생기는데, 동생생각에 끙끙 앓았다.

이제 천국에서 만날 거라는 희망을 갖고 마음을 추슬러 보련다.
오늘 따라 동생이 무척이나 보고 싶다.

살아났다고

이 기 화

청아한 무언의 목소리로 어서 일어나라고 하이얀 이를 드러내놓고 잠을 깨운다. 바로 베란다에서 쳐다보고 있는 사랑스럽고 예쁜 나무다. 특별히 눈길도 자주 주고 눈여겨보는 데에는 그럴 만한 이유가 있다.

여러 해 전, 내가 쓴 '인생연습'이란 시를 시화전에 출품을 했었는데 같은 부서에서 축하한다고 보내준 화분이다. 심어 있는 나무이름이 무엇인지는 모르지만 참 좋은 뜻이 있을 거라는 생각을 해보았다.

나중에 알아보니 누군가 행복나무라고 얘기를 해준다. 듣기가 참 좋다. 행복하라고 말해 주는 것 같다. 앞에 행복이 딱 버티고 서 있다. 바로 아침에 눈만 뜨면 쳐다보고 반찬 만들 때도, 옷 갈아입을 때도, 화장할 때도 하루에도 몇 번을 눈을 마주치는지 모른다.

날이 지날수록 쑥쑥 자라 가지도 잎도 무성하다. 그러던 어느 날 잎이 누렇게 떠서 축 늘어져 있었다. 가슴이 철렁 내려앉았다. 잎이 떨어지고 앙상한 뼈대만 남았다.

전날 갑작스런 한파에 얼어버린 것이다. 전에는 겨울을 무사히 건너 건장했기에 괜찮겠지 했는데 소 잃고 외양간 고치듯 큰 비닐로 옷싸개를 해주고 겨울이 지나고 비닐을 벗기고도 한 달이 지나고 두 달 세 달 계속 물을 주고 쳐다보고 제발 살아나기를 간절히 기도하였다.

어느 날 5월 아침에 일어나 나무 가까이 가서 바라보았는데 작은 초록점이 보였다. 잘못 보았나 하고 눈을 비비고 다시 보았는데 정말 싹눈이 나와 있었다. '꿈이냐 생시냐' 너무 기쁜 나머지 식구들을 크게 불렀다. 와서 보더니 신기하다고 한마디씩 한다. 쏙쏙 초록별이 뜬 것이다.

1mm가 1cm가 되고 5cm로 커졌다. 가지가 시원스럽게 뻗어간다. 딸이 바통을 이어 받아 해피트리에게 물을 주고 뜨물도 주며 물뿌리개로 잎과 나뭇가지를 깨끗하게 샤워를 해준다. 또 영양제도 준다. 행복나무 옆에는 행운목과 군자란 들깻잎도 자라고 있다. 이름이 참 좋다. 행복한 나무, 행운이 있어 행운목, 또 영어로는 트럼펫 나팔이라고 하는 천사나팔도 생각이 난다.

얼마 전에 알았는데 행복나무라고 생각했던 그 나무 이름이 녹보수란다. 행복나무를 개량해서 만든 나무라나. 녹색보석나무인데 줄여서 녹보수라고. 또 돈을 부른다고 부기수라고도 불리며 공기정화작용도 한다고 한다. 하여튼 좀 아쉽기는 했지만 이름을 제대로 찾은 것만으로 위안을 삼아 본다.

소는 광우병 걸렸다고, 돼지는 아프리카 열병 걸렸다고, 멧돼지가 열병 바이러스 전달한 매개체라 보이는 것마다 총으로 쏴 죽이고 닭과 오리는 사스 걸렸다고 구덩이를 파고 동그랗게 뜬 눈에다 흙을 던진다. 사람은 전염병 걸리면 격리시키지 생매장하지는 않는다. 그렇다면 사람이 이기적인 마음이 있기 때문일까. 창조주는 식물이든 동물이든 중요해서 창조하셨을 것이다. 어서 빨리 희생되지 않게 치료할 수 있는 좋은 대안이 나왔으면 하는 마음 간절하다.

나무가 한파에 얼었을 때 보살핀 것은 살 것이라는 소망이 있어서였다. 얼어 죽었다고 내다버렸다면 저렇게 잘 자라는 모습은 보지 못했을 것이다.

죽었다가 살아났으니 부활이다. 생명은 오묘하고 소중한 것, 예수님이 부활하셨기에 천국이 예비되어 있다.

"녹보수야, 다시 살아나 줘서 정말 고마워."

추워지는 날씨에 비닐을 가져다 녹보수와 화초들을 바라보며 다칠새라 가만히 싸매어준다.

"사랑해 애들아. 무럭무럭 잘 자라려무나."

레비오사 외 1편

유 경 희

헬스자전거를 타면서 폰을 만지작거린다. 그냥 타기는 지루하니까 발만 구르고 손은 인터넷을 검색한다. 한참 전에 방송계를 떠난 미스코리아 출신 전 아나운서의 이름이 검색어 상위권에 있다. 원예치료사로 새 삶을 시작한다는 헤드라인이 눈에 띈다. 원예치료사라는 직업이 의외이기도 하고, 무슨 사건에 연루라도 됐나 싶어 기사를 클릭한다.

'사생활 동영상 파문으로 연예계를 떠났던…….'.이라는 대목에서 이미 연예계를 떠난 사람의 과거까지 들먹이며 근황을 알 필요가 있나 하는 의문이 든다. 그가 방송활동을 접은 이유에 대해서는 많이들 알고 있다. 그러나 많이 알고 있다는 사실과 그것을 본인의 의사와 무관하게 타인이 까발리는 건 다른 문제다. 그 사건 때문에 활동을 접은 사람의 기사에 굳이 그 이야기를 꺼낼 필요는 없지 않나 싶다. 아울러 본인에게 이런 기사를 내도되겠느냐는 허락을 구했는지 궁금하기도 하다.

잠깐 사이에 비슷한 기사가 많이 떴다. 그런데 걸린 표제들이 너무나 자극적이다. 아예 '리벤지 포르노' 피해자라느니 동영상을 유출한 전 남자친구의 이름이며 그의 이혼과 전 남편에 이르기까지 독자가 궁금해 하지도 않는 사실을 너무나 친절하게 알려주고 있다. 그에 대해 잘 모르더라도 그의 이름에 자동으로 따라붙는 연관 검색어는 그에게 무슨 일이 있었는지 짐작할 수 있을 정도다.

그래도 기사에 딸린 댓글들을 보니 안심이 된다. 동영상 유출로 피해를 당하고 숨어(?) 지내던 사람의 잊고 싶은 과거사를 소환하는 건 피해자에게 또 다시 폭력을 가하는 것이라는 걸 사람들이 잘 알고 있기 때문이다. 대부분 시련을 견디고 '제2의 인생'을 사는 것에 대한 응원이거나, 원예치료사와 관계없는 옛 사건을 끄집어내는 것이 잘못되었다고 지적한다.

예전엔 신문이나 방송에서 한 번 보고 잊힌 사건들이 요즘은 인터넷으로 인해 끊임없이 반복 재생된다. 당사자의 이름을 검색했을 때 자동으로 링크되기도 하지만, 때론 상관없는 일이나 다른 사람의 사건에 연관 검색어로 따라오기도 한다. 세상이 편하고 좋아진 만큼 불편함과 괴로움이 따른다. 오죽하면 '잊힐 권리'를 요구하는 세상이 되었나 싶기도 하다.

'잊힐 권리'란 인터넷 이용자가 자신의 알리고 싶지 않은 기록을 페이스북, 트위터 등 소셜네트워크서비스(SNS)나 포털 게시판에서 검색되지 않도록 지워달라고 요청하는 것이다. 기사자체를 삭제할 수는 없더라도 최소한 관련 링크로 검색되지 않게 해 달라는 이 요구는 그로 인해 피해를 보는 사람이 얼마나 많은지 생각해보게 한다.

'해피투게더'라는 TV 예능 프로그램에 흑역사를 지워주는 '레비오사~'라는 코너가 있다. '레비오사~'라는 마법의 주문도 주문이려니와 흑역사라는 단어 또한 생소하다. 흑역사는 어둠, 검은(black)을 뜻하는 한자 흑(黑)에 과거의 일이라는 뜻의 한자어 역사(歷史)를 합쳐서 만들어 낸 신조어이다. 즉 없었던 일로 해버리고 싶은 과거의 일을 뜻한다. 없었던 일로 해버리고 싶은 부끄러운 과거를 지워주는 주문이 '레비오사~!'인 셈이다.

처음엔 잊히고 싶은 과거라면서 술술 고백하는 출연자나 지워질 리가 없는 흑역사를 지워주겠다며 주문을 외치는 진행자, 모두 이상했다. 방송으로 잊히고 싶은 과거를 얘기하는 바람에 오히려 그 일을 모르던 사람들까지 알게 되고, 때로는 고백한 사람의 이름이 검색어에 올라 대중이 더 찾아보도록 만드는 게 이해가 안 갔다. 오히려 알리고 싶어 하는 게 아닐까 하는 생각을 하기도 했다.

사람은 누구나 실수를 하고, 때론 다른 사람이 잊어줬으면 하는 부끄러운 일도 생길 수 있다. 특히 방송에 나온 장면은 일명 '짤'이라고 하여 끝없이 인터넷에 떠돈다. 그것을 인터넷에서 없애거나 사람들이 못 보게 하지 못할 바에야 상황을 변명하거나 설명해서 이해를 구하는 편이 나을 수 있다. 내가 그 일로 얼마나 고통 받고 있는 지, 그 일이 어떤 상황에서 일어난 일인지, 하다못해 자신이 놀림거리가 된 장면은 차라리 본인이 직접 끄집어내어 더 큰 웃음으로 승화시켜 공감대를 형성하고 싶었을 것이다. 타인의 공감이야말로 최고의 위로가 될 테니 말이다. 그러고 보면 '레비오사~'는 어두운 과거를 삭제해주는 주문이 아니라 치유의 주문일지도 모른다.

뜻하지 않게 언론에 보도되어 잊히고 싶은 과거가 다시 대중의 입에 오르내리게 된 그가 딱하다. 그 일이 얼마나 고통스러웠는지, 잊고 다시 세상에 나오기 위해 많은 노력을 했다는 것을 말하지 않아도 알 것 같다. 어쩌면 다시 움츠려질지도 모르는 그에게 더 이상 상처받지 말라는 위로의 마음을 담아 마법의 주문을 외쳐주고 싶다.

'레비오사~!'

언니의 부탁

유 경 희

고인에게 인사를 드리러 들어갔다. 제단에 올려진 액자가 눈에 들어온다. 며칠 전 전시회에서 본 그림이다. 빨간 치마에 조각보를 연상케 하는 화려한 저고리는 장례식장이라는 곳에 어울리지 않는 붉은 톤이라 눈에 확 띈다. 제목은 '우리 엄마'로 기억한다. 그 옆에는 전시회 책자가 펼쳐져 있다. 액자에 있는 작품도 언뜻 보인다. 내 엄마가 아닌데도 왠지 울컥한다.

얼마 전, 작은아이 친구 엄마인 친한 언니가 파우치 하나를 내밀었다. 아들이 군 훈련소에 있을 때 자신이 인터넷 카페에 올린 글과 손편지란다. 회갑을 기념해서 그림 전시회를 열 계획인데 그에 맞춰 이 편지들을 책으로 엮고 싶다고 한다. 훈련소 기간이라야 불과 한 달 남짓인데 하루에 800자 정도의 글로 무슨 책을 만드느냐고 물었다. 얇아도 50권정도 제본해서 아들과 친척들에게 기념으로 남기고 싶다며 교정을 부탁한다.

인터넷 편지니까 군 사이트를 알려주거나 파일로 보내 달라 하니, 5~6년 전이라 훈련소 카페에서 찾기도 쉽지 않단다. 예전에 프린트해놓은 것을 갖고 온 탓에 일일이 손으로 입력해야 했다. 귀찮긴 했지만 거절할 이유도 마땅치 않았다. 작은아이에게 글을 사진으로 찍어 한글파일로 바꾸는 프로그램이 있다는데 찾아서 옮겨달라고 부탁했다. 몇 개 하던 아이가 글씨가 너무 흐려서 잘 안 된다고 차라리 입력하는 게 빠르겠다고 하기에 아르바이트로 생각하고 해달라고 넘긴다. 맡은 김에 교정까지 하라하고 나는 슬쩍 발을 뺐다.

아이는 대학을 졸업하고, 군대를 다녀와서 배우가 되고 싶다며 연기학원을 다니는 중이다. 딱히 바쁠 것도 없는데 하필이면 이 일을 부탁할 무렵, 영화관에서 상영될 광고와 전국매장에 걸리는 광고를 두 개나 찍게 되었다. 아이를 케어해 줄 기획사 미팅과 드라마 오디션까지 하느라 갑자기 바빠졌다. 그렇다고 도중에 그만둘 수도 없기에, 나 역시 시간을 쪼개 입력 작업을 교대로 했다.

언니에게 교정한 글을 프린트해 보여주며 글씨체를 선택하라고 하니, 내가 선택한 글씨체가 괜찮은 것 같다고 한다. 그러면서 그림이 열일곱 점인데 앞에는 도록처럼 그림을 넣고 뒷부분에 편지글을 싣고 싶다고 했다. 책 표지와 전시회 포스터까지 해 달라기에 뭐 어렵겠나 싶어 그림을 파일로 보내달라고 했다. 다행히 아이가 미대 출신이라 할 수 있을 것 같았다. 그런데 언니네 화실 선생님이 해외여행을 갔기 때문에 그림 파일이 전시회를 며칠 안 남기고 왔다.

우리 집 컴퓨터엔 PDF프로그램이 없다. 그림을 넣어서 표지와 포스터를 만들려면 필요한 프로그램이란다. 아이가 프로그램이 있는 친구의 노트북으로 만들어왔다. 표지와 그림을 앞에 넣으니 '한글'로 만든 편지글들이 밀려서 제자리를 잃었다. 엉망이 된 페이지를 다시 편집해야 했다. 그림 때문에 파일이 커져서 옮기고 저장할 때마다 컴퓨터의 모래시계가 돌면서 시간이 많이 걸렸다.

새벽까지 겨우 완성해서 견본으로 한 권 뽑아주었다. 그때부터 그림의 색이 너무 진하다, 제목이 글씨가 크네, 글씨체가 맘에 안 드니 '윤고딕 300'으로 자간을 넓히고 띄어쓰기는 좁게 하라는 등 요구가 빗발친다. 화실에 한 번 갈 때마다 선생님이나 다른 작가들이 조언을 하나보다. 아무래도 아이가 전문가가 아니다보니 의뢰인(?)들이 보기에는 많이 부족했을 것이다. 수정을 요구할 때마다 아이는 PDF프로그램이 있는 PC방에 다시 가서 작업을 해왔다. 아이에게 미안해서 그림 자업으로 밀려 엉켜버린 글들의 정리는 내가 했다. 컴퓨터가 멈출 때마다 사공이 그렇게 많으면 전문가에게 맡겼어야지 동네 아줌마한테 맡기면 어떻게 하느냐고 중얼거린다.

고급 용지를 사용해 완성된 책자는 견본으로 뽑은 것보다 훨씬 멋졌다. 뿌듯하기도 했다. 비용은 생각보다 많이 들었다. 50여 쪽밖에 안 되는데 거의 책 한 권 값이다. 소량에다 컬러 복사비가 비싸고 제본비가 권당 따로 붙기 때문이다. 50권의 가격을 말했다가는 고생은 고생대로 하고 차라리 전문가에게 맡길 걸 그랬다는 소리를 들을까 겁이 난다. 요구사항 많은 아는 의뢰인의 뒷말은 원천봉쇄하는 게 나을 거 같다. 설마 선물에 토 달까 싶어 책은 회갑선물로 하기로 했다. 어차피 선물은 해야 하니 선물고민을 안 해도 되고, 언니도 자신의 회갑선물을 직접 마련하는 것보다 남이 해주는 게 기분 좋을 것 같다. 성인인 아이에게도 그냥 용돈을 주기보다는 일한 대가로 지불하고 나니, 내 지갑이 얇아진 사실만 제외하면 모두에게 좋은 일인 듯 싶다.

책이 나온 지 일주일 만에 언니의 어머니가 돌아가셨다. 어머님 앞에 헌정된 책을 보니 책을 만들 때 투덜거린 게 미안해진다. 전시회의 주제는 '나의 고향, 나의 엄마'이다. 작품 중 두 점은 조각보로 전

승공예대전에서 수상한 엄마를 생각하며 그런 조각보 모양의 한복이다. 돌아가신 어머니에게 바칠 것이 있다는 사실이 부럽다. 그리고 거기에 한 몫 했다는 사실이 감사하다. 시간과 노력을 투자한 일은 배신하지 않는다는 말이 생각난다. 나는 내 어머니에게 바칠 수 있는 것이 과연 무엇이 있을지 생각해본다.

Santa Monica 외 1편

서 달 희

늘 벼르기만 하다가 올해는 겨울김장을 일찍 담가놓고 LA에서 거의 9년째 살고 있는 딸네 집을 가게 되었다. 어떻게 살고 있는지 궁금하기도 하고, 아직도 터를 못 잡고 사는 것 같아서 늘 걱정이 되었다. 지인들이 '딸이 보고 싶지도 않느냐'며 다녀오라고 성화를 대지만 나름대로 바쁜 일들이 있어서 선뜻 나서지를 못하였다. 나는 딸 사위보다는 외손녀 선영이가 더 보고 싶었다. 초등학생 때 떠났던 선영이가 이미 대학생이 된지도 2년이 지났다. 그리고 떠난 지가 얼마 되지도 않아서 방문 한다는 건 아니라는 생각이 들었다. 아직 자리도 안 잡혔을 텐데 간다는 것은 내 상식으로는 아니었기 때문이다.

특히 봄만 되면 서너 뙈기씩이지만 텃밭에 오이, 상추, 토마토 등을 심을 기대에 망설여졌고 여름이면 싱싱한 채소들을 만나는 기쁨에 선뜻 나서지를 못했다. 철 따라 열리는 과일들도 내 발길을 붙잡았다.

올해는 다녀오기로 결정을 하고 아들이 마일리지로 비행기 표를 예매하고 출국, 입국에 대한 수속일정서류를 팩스로 받고나니 실감이 난다. 그런데 외국 다녀온 지가 오래되다보니 은근히 부담이 된다. 특히 입국 시에 인터뷰하는 물음을 제대로 응대할지도 부담스럽다.

트럼프가 대통령이 되고나서는 입국절차가 까다롭다고 들었다.

출국장 안에서 탑승을 기다릴 때였다. 긴 의자에 앉아서 시간을 보내고 있는데 저만치에 앉아 계신 분이 한국 여자 분이시다. 그분이 할머니가 혼자 앉아 있으니까 옆으로 와서 말을 걸어온다. 'LA에 누굴 만나러 가느냐?'고 묻는다. '딸이 얼바인에 사는데 혼자 간다는 게 약간은 부담이 된다'고 하였더니 자기도 얼바인 간다고 한다. 은근히 반가워서 혹시 교회에 다니는지 물었다. 즉시 성당에 다닌다고 한다. 안 다닌다고 하면 전도하는 말을 할까봐서 말막음으로 빠른 대답을 하였다고 한다. 나는 성당에 다닌다고 하는 그 말이 어찌나 반가운지 그곳에는 한국성당이 몇 군데나 되는지 물었다. 한 군데밖에 없다는 말에 혼자 가야되는 부담감에서 이미 벗어났다. 딸 이름을 알려주었더니 전화를 걸고 있다.

"내가 지금 누구하고 있게~?" 한다.

나는 카톡 문자를 넣었다. '유진아! 공항에서 성당에서 예쁜이 데레사 라고 불린다는 분을 만났다. 같은 비행기 타고 가니까 든든하다. 걱정하지 마라 하느님의 안배라는 생각이 든다.'

'아! 우와~ 놀랍다. 조심히 오세요. 넘 좋으신 자매님을 옆에 딱 앉혀주셨네요. ^ ^*'

하느님, 감사합니다. 이렇게 좋은 분을 동행하게 해 주시니 감사할 뿐입니다. 마침 내가 앉은 좌석 가운데가 비어있다. 누군가와 바꿔달라는 부탁도 필요 없이 옆으로 와서 이야기도 나누며 동행을 하였다. 하느님께 감사!

그런데 정작 입국할 때는 그분은 미국여권 소지자라 내국인 쪽으로 가서 도움을 못 받았다. 길고도 긴 줄을 서서 기다리는데, 옆에 한국여자가 은근히 부담 주는 말을 한다. 미국을 자주 왔다 갔다 하는 사람인 것 같았다. 대답을 잘 못하면 입국이 어렵다고 한다. 실제로 인터뷰하다가 뒤로 밀려나는 사람들이 보인다. 하지만 할머니한테 심하게 할 일이 뭐가 있을까 싶은 게 걱정이 안 되었다.

그런데 안검하수증 수술 때문에 내 얼굴 인상이 변해 있어서 내가 보아도 내가 아닌 것처럼 보인다. 10여 년 전에 눈가가 얼마나 쳐졌는지, 눈이 무거워 성당에서 미사를 드릴 때는 아예 눈을 감고 있었다. 손지가 서너 살 때인데 좀 쉬려고 안경을 벗으면 누워서 우유를 먹고 있다가도 우유병을 쏙 빼고 "할머니! 안경 써, 안경 써."하며 안경을 못 벗게 한다.

매번 이런 상황이 벌어져서 왜 그러는지 물었다. 할머니 눈이 무서워, 그런 대답을 할 줄 알았다.

그랬는데, 뜻밖에도 "할머니 눈 아파서 안 돼, 안경 써!" 한다.

그래도 내 짐작으로는 안경을 벗으면 쳐진 눈이 무서워 보이나? 하는 마음도 들고 나 역시도 힘들어서 작심하고 눈 수술을 하기로 하였다. 진찰을 한 의사가 아예 쌍꺼풀 수술을 하라고 한다. 나는 당치도 않은 말처럼 들려서 "아닙니다. 저는 쌍꺼풀 수술을 하려고 온 게 아니에요. 눈 위 쳐진 곳만 올려주세요."라 말했던 기억이 있다.

그때 쌍꺼풀 수술을 했어야 했다.

그래도 10 여년은 잘 지냈다. 그런데 또 쳐지기 시작한다. 마침 안과에서 안검 하수 증 수술을 하는데도 보험이 적용되어 비용도 적게 든다고 하였다. 그것이 또 잘못된 판단이었다.

'성형외과에서 했어야지요.'

만나는 사람마다 한마디씩 한다. 수술한지 일 년이 넘었는데도 쌍꺼풀 수술한 자리가 수통맞은 게 인상이 무섭다. 보는 사람마다 못 알아보고 누구냐고 묻는다. 이럴 때마다 오! 마이 갓!이 외쳐지지만 이렇게라도 제대로 눈을 뜨고 볼 수 있으니 얼마나 다행인지 모른다. 우리 어머니는 이런 수술도 못 받고 눈을 감고 몇 년을 사신 걸 생각하면 지금도 가슴이 아파온다. 요즘은 의술이 발달해서 눈도, 치아도, 다 고치고 사니 백세를 산다는 말이 나올 법도 하다.

이런 상황이니 부스 안에서 체크를 하던 사무원이 여권을 보고, 나를 보고 비교를 하다가, 의문이 드는지 안경을 벗어보라고 한다. 겁이 덜컥 났다. 여권속의 사람과 다르다고 하면 어쩌나? 안경을 벗었다. 한참을 대조하더니 여권을 돌려준다. 얼마나 감사한지 '하느님, 감사합니다.'하며 다시 잡히기라도 하듯이 재빠르게 나왔다.

가방을 찾아서 카트에 실었는데 그때서야 데레사 자매님이 나타나서 출국심사를 잘 받으셨네요. 하며 웃는다. 인천 공항에서부터 같이 동행한 자체만으로도 얼마나 든든했는지 감사할 뿐이다.

마중 나온 딸과 집에 오면서, 엄마는 어디가 제일 가보고 싶으냐고 묻기에 여기저기 다닐 필요 없다. 있는 동안 이곳에 사는 사람들의 생활이나 마을 분위기가 어떠한지 살펴보면 된다. 그럼 캘리포니아 미션 성당에 다니자고 한다. 캘리포니아 미션?

18세기경에 미국샌디에이고에서 샌프란시스코에 이르는 650마일 해안지역을 따라 세워진 미션 성당 21곳을 말한다고 한다. 스페인이 미국을 식민지화 하려는 때에 프란치스코 수도회 신부님들을 현지에 파견해 인디언들을 복음의 세계로 이끌려는 노력을 펼치면서 세워진 성당들이다.

외손녀가 산타 바 바라 대학교에 재학 중이어서 일단 선영이부터 만나러 갔다. 얼바인에서 2시간 반이나 걸려서 도착하였는데 성당 문이 닫히기 전에 산타 바 바라 미션성당부터 가 보기로 하였다. 마침 미사가 끝난 시간이라 사람들이 여기저기 모여서 담소를 나눈다. 넓은 마당 한 쪽에는 생전 처음 보는 후추나무가 열매를 주렁주렁 매단 채 서 있는 게 신기하였다.

230여 년 전에 지어진 성당이라 그런지 아담하게 지어졌다. 그 후에 방문한 10곳의 성당들의 모양이 크기만 조금씩 다를 뿐 거의가 똑 같다. 특히 높이 세워진 종탑에 종이 무려 6개가 설치된 곳도 있다. 시간을 맞춰 미사를 보러 간 성당에서는 타종도 하여서 어릴 때 강당에서 치던 종소리가 들리는 듯하다. 하루에 세 번씩 들으며 살던 추억이 아련하게 되살아난다.

화려하진 않지만 아담하게 지어진 성당들이 평화롭다. 엄동설한인 우리나라를 떠나와서 만난 온갖 꽃들로 가꿔진 정원들도 아름답다. 특히 하얀 장미꽃들이 가는 곳마다 만발하여서 행복한 여행이 되었다. 하지만 선교를 위해서 고생하시던 신부님들의 흔적이 보여서 마음이 아프다. 협소한 침대며 작은 식탁들을 보며 얼마나 고생을 하며 사셨을지 짐작이 가고도 남는다. 천주교 박해시절 우리나라에 오셔서 순교하신 신부님들만큼이나 선교에 힘을 다하신 듯하다. 그 당시 침략자로 생각한 인디언들과도 마찰이 심했다고 한다.

그 후에도 산타 바 바라에 가서 이틀을 자며 주위에 미션성당들을 방문하였다. 선영이가 영어가 짧은 엄마를 위해서 가이드 노릇을 제대로 한다. 우리 선영이는 몸매가 완전히 미국스타일로 변해 있었다. 그 모습이 어찌나 멋있는지 미국스타처럼 보여서 웃음이 났다. 알바를 하며 학업에도 최선을 다 하는 모습이 장하다.

대학교 안에서 볼 수 있었던 바다! 그곳에서 맞이한 붉게 물든 석양과 야트막한 넓은 언덕을 온통 보라색 꽃으로 덮었던 장면이 지금도 사진을 보는 듯 아름답게 다가온다. 하도 아름다워서 운전할 때면 늘 부르고 다니는 '주 하느님, 지으신 모든 세계, 내 마음속에 그리어 볼 때~' 이 성가가 새삼 읊조려졌다.

이번 여행에서 더 감동으로 느낀 점이 있다. 미션 성당들의 이름은 물론이지만 모든 도로의 표지판이 다 가톨릭 성인성녀들의 이름으로 되어있다. 그 옛날 스페인 신부님들이 지으셨을까? 어디쯤이었는지 앞에 걸린 표지판에 '산타모니카'라는 지명이 나타났을 때 신선한 충격이었다. 내 세례명이 앞에 턱하니 걸려있어서 특히 더 그랬다.

지금까지는 그냥 지명으로만 알고 있던 샌프란시스코나,(성 프란시스코) 산타루치아,(성녀 루시아)처럼 '샌'이 앞에 오면 성인이고 '산타'가 앞에 붙으면 성녀이다. 산타 바바라, 산타 마리아, 산타로사, 산타안나 등 수없이 많았다. 성인들의 이름으로 지어진 지명은 더 많았다. 산디에고, 산이시돌, 산호세, 산클라멘토 등 다 헤아릴 수가 없다. 미션성당을 다니며 만났던 성인성녀들의 지명이 얼마나 은혜롭게 느껴지던지 표지판을 만날 적마다 감사한 생각이 들었다. 내가 다녔던 곳에서 만났던 성인들의 이름만도 30여 명이 넘었다. 샌프란시스코까지 갔다면 성인성녀들의 이름이 얼마나 더 많았을지, 시간이 없어서 다 방문하지 못한 것이 조금은 아쉽다. 미국이란 나라가 왜 축복을 받고 사는지 알 것 같다. 대통령에 당선되면, 성경에 손을 얹고 선서를 하는 모습에서도 신의 가호가 함께 하는 나라인 것을 느꼈었다.

이번 여행에서 짬이 날 적마다 나를 태우고 다니며 수고한 딸과 몇 군데지만 시간을 내서 동행한 손녀딸 가브리엘라와 같이 다닌 미션 성당들이 어느 장소들보다 축복의 일정들이었다.

어릴 때 떠났지만 이미 숙녀가 되어서 걸음도 잘 걷지 못하는 할머니를 LA 다운타운 등 여러 곳을 다니며 안내해 주느라 고생한 가브리엘라와의 여행도, 사위가 쉬는 일요일에 기차를 타고 갔던 해변을 끼고 있는 시골마을도 밤 야경이 근사했던 디즈니랜드도 추억 속으로 묻혀간다.

하느님께 감사!

monica
– 2019. 03. 08. 07:26

새벽에 컴퓨터를 여니 산타바바라에 번개가 심하다는 뉴스가 떠있다. 걱정되어 선영이한테 문자를 넣었다.

얼마 전에 가 보았던 학교안의 해안가가 떠올라
'번개가 심하다는데 괜찮은 거야?'
'네 천둥번개가 장난 아니었어요.~
근데 사람들은 다 괜찮아요.~~'
천둥번개가 5분간에 1500회나 친다는 게 상상이 안 된다.
번개 비라고 표현이 되었다. 꼭 창세기에서 읽은 소돔과 고모라의 재앙이 떠오르기도 한다.
'하느님, 온 세상에 자비를 베푸소서.'

사랑의 십자가 아래에는

서 달 희

LA 딸네 집에 있는 동안 테미큘라에 있는 꽃동네를 방문하게 되었다. 딸네와 토요일이면 요양원에 가서 음악 봉사하는 팀 5가족이 어머니가 연세가 있으셔서 좋아하실 것 같다며 온천을 예약하고 엘림 유황 온천엘 갔다. 난 실은 온천이나 물이 있는 곳은 별로 좋아하지 않는데 생각 외로 야외 온천이 유황성분도 많은 곳이어서 1박까지 하며 즐겁게 보냈다. 미션 성당마다 있었던 후추나무가 그곳에도 빨간 열매를 주렁주렁 매단 채 있어서 그 나무를 만난 것도 행복하다. 그곳 사장님이 후추 씨를 따 주어서 집에 와서 화분에다 심었다. 과연 싹이 틀지, 우리 집은 터가 좁아 심을 곳이 마땅치가 않다. 터가 넓은 이웃에다 주면 될 일이다. 이곳, 엘림 유황온천에 데려온 아들 딸 같은 젊은 분들이 있어서 달걀 익는 냄새가 나는 유황온천도 경험하였다.

유황온천을 운영하시는 70이 넘으신 내외분이 70년대에 이민 가셔서 고생하며 열심히 사신 이야기도 들려주고 자녀들 키우던 어려움도 이야기 한다. 이민 온 후로는 한 번도 한국에 간 일이 없다고 하여서 깜짝 놀랐다. 내 마음이 다 시려 와서 어머니도 안 보러 가셨는지 물었다. 자리가 잡힌 다음에 어머니를 모셔 와서 함께 살았다는 말에는 내가 다 안심이 되어서 감사하다.

딸이 성장해서 변호사가 되었다. 어느 날 변호사 일을 할 수가 없다며 그만 두었다. 정직하게 일을 할 수가 없다고 하였다. 보수를 많이 받고 상대편을 어떤 방법을 써서라도 넘어뜨려야만 되는 일은 하느님 보시기에 아니란 생각이 들었다며 다른 길을 택하였다고 해서 감동이었다. 이런 말씀을 들은 것만으로도 행복하다. 전직 변호사 따님께 하느님의 축복이 비처럼 쏟아지기를 기도하게 된다. 하느님, 이런 일을 통해서도 찬미를 받으소서.

돌아오는 길에 꽃동네를 방문하였다. 피정하러 자주 다니는 곳인 듯하였다. 마침 수녀님 두 분과 봉사자 몇 분이 배추 100포기를 다듬고 계셨다. 일시에 방문한 젊은 부부들이 다 일꾼이 되어 엄청 많은 양파를 다듬고 배추를 절였다. 하느님이 때맞춰 일꾼들을 보내주신 듯 빨리 일을 끝냈다. 오후 시간이어서 돌아올 시간이 얼마 안 남았는데 수녀님이 시간을 적절하게 배분해서 시간을 정하신다.

산 위에 세워진 십자가 있는 곳에 올라가서 기도하고, 간단히 라면으로 저녁을 먹고 저녁미사를 하고 돌아가라고 하신다.

왜 십자가를 아주 높은 곳에 설치를 했는지, 높은 곳만 보면 뒤로 물러서는 나를, 딸이 엄마도 가실만 하다고 등을 밀어서 할 수 없이 올라갔다. 취학 전 꼬마들까지 가는 길이니 괜찮겠지, 올라가는데 너무나 좁고 가파른 길이다. 숨이 찼다. 유나 아빠가 잡고 올라가서 그나마 정상까지 올라갔지만 등에는 땀이 났다. 내려 올 때는 이안이 아빠가 잡아주었다. 얼마나 힘이 드는지 정강이에 힘이 풀려서 주저앉을 것만 같았다. 다람쥐처럼 내려가는 아이들이 부럽다. 이런 상황을 받아들이기가 싫지만, 그래도 이 세상 여정이 끝나고 하느님 나라에 갈 때까지 순응하며 살아가야지 도리가 없다.

그 후 이안이 아빠는 몸살감기로 고생을 했다고 하여서 나 때문인 것 같아서 미안했다. 온몸을 다 실려서 내려왔으니 몸살이 날 만도 하였다.

사랑의 십자가는 1972년도에 프랑스의 어느 분의 꿈에 예수님이 슬픈 모습으로 나타나셔서 왜 그렇게 슬픈 얼굴을 하셨는지 질문을 하였다고 한다.

"이 땅에 믿음이 없고 하느님 아버지를 사랑하지 않는 것 때문에 내 마음이 너무 슬프다."

49번을 나타나셨는데 주신 메시지가 내 영광의 십자가를 세우라고 하시며 십자가 아래에서 묵주기도를 바치며 회개하라고 하셨다. 세로 738m 가로 123m의 크기로 세우고 주님이 영감을 주시는 장소에 세우라고 하였다. 미국에도 두 군데를 세우라고 하였는데 그 한 곳이 꽃동네 정상에 세워진 십자가이다. 현재는 100/1 크기로 세워졌지만 언젠가는 본래의 크기로 세워질 것이라고 한다. 정상에서 아래를 내려다보니 멀리까지 다 한 눈에 보인다. 사랑의 십자가가 온 누리를 감싸고 있는 듯하다. 세상이 너무나 악으로 치닫는 것을 보시고 사랑의 십자가 아래에서 회개하며 기도하라고 주시는 메시지일까?

도즐레의 기도

(묵주의 기도 매 단에 이어서 이 겸손한 기도를 바쳐라)

"나의 하느님, 당신을 모독하는 이들에게 자비를 베푸소서.

그들을 용서하소서. 그들은 자기가 하는 일을 모르고 있습니다.

나의 하느님, 온 세상의 모든 중상과 비방하는 이에게 자비를 베푸소서. 그들을 사탄의 입김에서 구원하소서."

"나의 하느님, 당신으로부터 달아 난 이들에게 자비를 베푸소서. 그들에게 거룩한 성체의 진정한 가치를 올바로 알게 하소서."

"나의 하느님, 당신의 영광스러운 십자가 아래에서 진심으로 뉘우치는 이에게 자비를 베푸소서. 그들로 하여금 우리 구원자이신 하느님 안에서 평화와 기쁨을 찾게 하소서."

"나의 하느님, 아버지의 나라가 오시도록 자비를 베푸소서.

그때가 가까웠으니, 자, 내가 곧 가겠다.

아멘. 오소서, 주 예수여."

"주님, 당신의 무한하신 자비의 보화를 온 세상에 쏟아 주소서."

그런데 사랑의 십자가 아래에는 93세에 돌아가셨다는 몬시뇰, 원필호 사도요한의 유해가 모셔져 있다. 은퇴하신 후 꽃동네에서 사셨다고 한다. 돌아가실 무렵 4년 동안 봉성체 하실 때마다

"저의 모든 죄를 사하시고 연옥을 거치지 않고 직 천당 가게 해주소서. 지구촌에 태어 난 모든 사람들을 한 사람도 빠짐없이 알뜰히 알뜰히 구원하소서."

정신이 없는 상태에서도 이 기도만은 꼭 하셨다니 연옥 영혼들을 구원하시는 일에 온 힘을 쏟으신 것처럼 느껴져서, 나 역시 전대사 기도를 더 열심히 해야지 하는 사명감이 생긴다. 하느님, 감사하며 찬미 드립니다.

그분의 장례미사 때에 몬시뇰을 모시고 살았던 수녀님이 기도 중에, 제대 위가 훤해지는 것을 보며 몬시뇰이 연옥을 거치지 않고 직

천당 가셨나보다. 고 깊은 감동을 받았다고 하였다. 돌아가실 무렵 매일같이 졸랐다고 한다. 직 천당 가시는 것 꼭 보여주고 가시라고, 그래서 그런 느낌을 주고 가셨을까?

그곳에서 피정지도를 하시는 두 분 수녀님, 전 바르틀로메오 수녀님과 베드로수녀님은 몬시뇰이 영혼들을 위해기도 하는 것을 보고 사셔서인지 전대사 기도에도 많은 관심을 가지셨다. 지금까지 만났던 분들 중에 내가 하고 다닌 기도에 지대한 관심을 가지신 분들은 테미큘라 꽃동네에 계신 두 분 수녀님이셨다. 한국에 돌아가면 전대사 기도 해달라고 숙제까지 주셔서 돌아오자 곧바로 몇 번이나 순교자 성지에 다녀왔다.

하느님, 영혼구원을 위한 사도의 직분을 주신 것만 같아 감사합니다.

박경원 라파엘이 떠나면서 할머니에게 맡기고 간, 사명으로 알고 더 열심히 실천하게 됩니다.

행복하여라, 죄를 용서받은 이!
행복하여라, 죄를 용서받고, 잘못을 씻은 이!
행복하여라, 주님이 허물을 헤아리지 않으시고,
그 영에 거짓이 없는 사람!
제 잘못을 당신께 아뢰며, 제 허물을 감추지 않았나이다.
"주님께 저의 죄를 고백하나이다."
당신은 제 허물과 잘못을 용서하셨나이다. 시편32,~

이 시편 말씀대로 늘 통회의 기도를 하셨나 보다.

수녀님이 우리들 보고도 네 탓, 내 탓 하며 싸우지 말고 섭섭한 마음이 들 때 상대방에게 하고 싶은 말을, 하소연처럼 예수님께 다 털어놓으라고 하신다. 특히 사람을 판단하지 말라고, 각자 보는 시각이 다를 뿐인데 내 잣대로 판단하면 안 된다고 하시는 말이 이미 알고 있는 말이었지만 새삼스럽게 다가왔다. 십자가 아래에서의 몇 분 동안이, 긴 피정시간인 듯하였다.

원필호 사도요한 몬시뇰 의 유해가, 십자가 아래 안치된 것이 우연만은 아닌 듯하다. 나는 그 곳에서 생인손 앓이 같이 늘 마음에 담겨있는 아픔들에 대해 많은 기도를 하였다. 하느님! 자비를 베푸소서.

사도요한 몬시뇰님, 저는 지상교회에서 영혼들을 위해서 기도합니다. 몬시뇰님은 아직은 세상에 남아있는 저희들의 구원을 위해서 알뜰히 알뜰히 기도해주소서. 아멘!

– 2019. 2. 9.

글감을 주는 남자 외 1편

안 경 환

일요일 아침상을 차린다. 모처럼 다섯 식구가 밥을 먹자고 했는데 안방과 주방 사이에 잘못 전달된 말로 버럭 화를 내는 남자가 있다. 새 식구로 들어온 6개의 눈이 레이저를 보내고 있으니 화를 가라앉히려면 입을 다무는 게 상책이다. 화를 돋우어 놓고는 언제 그랬냐는 듯이 금방 풀어지는 사람이 있다.

올해의 내 생일 날은 가족이 다 모였다. 그 남자가 깜짝 발언을 한다. 생각해봤는데 지금부터 10년 후면 50주년 금혼식인데 그때가 되면 더 늙고 볼 폼이 없어진다고 하면서 금년 5월이면 결혼 40주년 벽옥혼식(碧玉婚式)인데 리마인드 웨딩을 하겠다고 한다. 처음 듣는 소리라 나도 깜짝 놀라고 아이들도 놀랐지만 결혼식을 다시 해보는 걸로 결정이 났다. 2월쯤에 계약을 하고 결혼기념일 하루 전날인 5월 19일(일요일) 날이 잡혔다. 여의치 않은 이유나 사연으로 평생 면사포를 써보지도 못하고 사는 사람들은 하얀 웨딩드레스를 입어보는 게 소원이라고 한다. 그래서 합동결혼식을 하기도 한다. 한 남자와의 두 번 결혼식은 행운이라고 해야 하나? 결혼하는 신부가 기쁘고 설레어야 하는데 아무런 감정이 없다. 날짜는 다가오는데 걱정은 오직 맞는 드레스가 있을까 하는 것밖에 없었다. 미리 와서 드레스를 골라야 한다는 연락도 없다. 늘그막에 결혼은 축복도 축하도 아닌가보다. 당일 날 아침 강남에 위치한 언니네 OOO이라는 곳에 도착했다. 세상에 태어나서 건강검진 때문에 굶은 것 말고는 저녁을 굶어 보기는 난생 처음이다. 배속은 꼬르륵 소리가 들려온다. 들어서자마자 거울 앞에 앉히고 화장을 시작한다. 호칭은 계속 신부님, 신랑님이라고 부른다. 어색하다. 신부화장이 끝날 무렵 웨딩드레스를 입은 모델사진이 들어있는 카탈로그를 앞에 펼쳐 보인다. 40년 전 허리가 26인치였는데 불어난 허리를 구겨 넣을 수 있는 드레스를 찾아본다. 한 번의 선택으로 끝내야한다. 그만큼 입고 벗기가 힘드니 다른 옷으로 바꿔 입으면 요금이 추가된다고 하니 신중해야한다. 항상 어깨가 넓은 것이 콤플렉스인 내가 과감한 선택을 해본다. 요즘 결혼하는 신부들이 즐겨 입는 어깨를 다 드러낸 드레스를 선택했다. 걱정한 것은 기우였다. 40인치 허리도 맞출 수 있는 게 그들의 능력이었다. 화장을 끝내고 선택한 드레스를 입히고 머리 위에는 얼굴에 어울리는 화관을 얹고 면사포를 씌웠다. 손에는 손등의 검버섯을 가리는 장갑도 꼈다. 9개월 된 외손녀 가원이가 눈썹을 붙이고 덕지덕지 떡칠한 외할머니 얼굴이 이상한지 눈을 깜박깜박 거리며 쳐다본다. 하객도 없는 사진관에서 설치되어 있는 배경에 자리를 바꿔가며 셔터를 눌러댄다. 누르는 손이 예사롭지 않다. 일사천리로 촬영은 진행되었다. 40년 전 둘이었던 식구가 10명으로 늘어났다. 애국을 한 셈이다. 남5 여5 비율로 가족사진을 찍었다. 결혼식 피로연은 실 핀을 다닥다닥 꽂은 올림머리를 틀어 올린 체 청계산에 위치한 오리고기 집에서 비 구경을 하면서 운치 있게 즐겼다. 남자는 한편의 글감을 던져주었다.

아내는 9년째 수필을 공부하고 있다. 한 2년 전부터 남자에게 권했다. 당신이 좋아하는 취미생활을 해보라고 했다. 시아버지의 손재주를 닮아 그림을 전공하고 싶었는데 학교 다닐 때는 그 뜻을 이루지 못했다. 아이들은 정작 때맞춰 전공을 살리고 자기 길을 가고 있다. 몇 번 말해도 듣지 않더니 올여름은 어떻게 마음이 동했는지 반허락을 하였다. 집에서 가까운 곳에 있는 미술관에 등록을 하고 싶었는데 자리가 없어 대기로 기다리다가 개강 이틀 전날 연락이 와서 서예반에 등록을 하게 되었다. 8월 첫 목요일 개강이라고 하더니 하루 전날 연락이 와서 강사님의 휴가로 다음 목요일에 개강을 한다고 한다. 두 번째 목요일 오후 2시 개강 날, 때 빼고 광내고(이발과 염색) 미술관을 찾아갔다. 그날 아내는 남자의 DNA를 물려준 시아버지의 기일이어서 집에서 음식을 하고 있었다. 2시 30분에 전화가 왔다. '뭐 이런 데가 다 있노? 강사도 없고 배우는 사람도 대여섯 명밖에 없다' 원래는 수강생이 20명 정도인데 대기로 있다가 등록을 했으니 꽤 괜찮은 곳이구나 생각하고 갔는데 혼자서 뻘쭘하게 있다가 집으로 온다는 거였다. 말릴 수가 없었다. 강사의 얼굴도 대면하지 못하고 기분 나빠 배울 수 없다고 했다. 설레었던 늦깎이 서예도 환불 받는 것으로 막을 내렸다. 이제 내가 알아보고 사군자, 동양화, 서예 중에서 하겠다고 한다. 그 미술관 하고는 인연이 없었나 보다. 그렇게 올여름은 가고 있었다.

중고품 거래, 무료 나눔을 하는 당근마켓이란 곳을 알고부터는 잡다한 물건이 자꾸만 늘어나서 잔소리를 하니, 나중에는 사들여서 일단 감추었다가 슬그머니 내놓기도 한다. 10가지 중에 1가지만 잘 샀다고 칭찬하면 너무 좋아한다. 오늘 일요일 아침 김치 묵은지를 무료

나눔을 하는데 일단 신청해 놓았다고 하길래 OK 사인을 보냈더니 빈 김치 통을 들고 한달음에 달려 나간다. 며느리와 둘이 눈을 마주치며 웃었다. 젊은 날 카리스마는 자취를 감추고 자상함을 넘어서 살림 재미를 느끼는 여성이 되어간다.

카트가 수북하게 물건을 사야 직성이 풀리고 마트 가기를 좋아하는 남자가 마누라 눈치 보느라 물건도 마음대로 못 사겠다는 남자의 나이가 들어가고 있다. 젊은 날 귀걸이를 한다고 귀를 뚫겠다고 하니 기함을 하던 사람이 얼마 전에는 내게 당신 눈꼬리가 쳐졌다고 성형을 고려해보라는 말을 하였다. 세월 따라 사람도 변하나보다. 남자는 말한다. 실수를 하거나 흉잡힐 거리가 생기면 '내가 바로 글감이지' 내가 없으면, 살아주지 않았으면 글감이 없어서 어떡할 뻔 했느냐고 하면서 하회탈 웃음을 웃는 그를 마주보며 웃어주었다.

– 2019. 8.

新式 사돈

안 경 환

캐리어를 빌려달라는 둘째의 전화를 받았다. 시간 나는 대로 가져가라고 했다. 스위스로 여행을 간다는 소리에 가슴이 철렁했다. 지난해 가원이를 가지고 7개월 때 태교여행을 다녀왔는데 이번에도 두 번째 애기를 가진 걸 알았는데 여행이라니? 엄마로서 놀라지 않을 수 없었다. 어느 날 가원이를 데리고 와서 캐리어 대·중·소 세 개를 싣고 갔다. 배낭만 이용하던 아이들이 생활의 변화로 많이 달라졌다.

첫째는 딸을 낳아 엄마를 기쁘게 해주더니 스위스로 출국하기 이틀 전쯤에는 배속의 아이가 아들이란 기쁜 소식을 전해주고 떠났다. 인천공항에서 친할아버지가 겨우 걸음마하는 가원이를 따라 다니는 동영상이 올라왔다. 시부모님, 둘째딸 내외, 가원이, 배속의 애기까지 3代 6명이 한 달간 여행을 가는 것이다.

스위스 무사히 도착, 스위스 융프라우, 취리히, 시르미오네에 있어요.

이탈리아 몬탈치노, 베네치오 비엔날레에 왔어요. 프랑스 파리 친구네서 한식 먹어요.

엄마! 아버님은 여행지마다 아빠 선물 때문에 고민이 이만저만이 아니세요…….

카톡이 바쁘다. 여행 떠나기 전 남편은 바깥사돈을 위해서 셔츠 두 개, 청바지, 청바지에 어울리는 벨트까지 맞춰서 선물을 했는데 그 옷만 입고 다니시면서 무척 좋아 하신다고 한다. 말로는 공기업에 다니신 분이 정장만 입다가 평상복이 없을 거라며 남편은 가끔 옷 선물을 하였다. 마지막 프랑스 일정 일주일 전에는 우리 부부가 파리에 와서 같이 지내다 오자고 초대하기도 하였다. 이루어지지는 않았지만 참 고마운 마음이다.

둘째는 아직 유럽을 여행 중인데, 큰애가 12년 동안 살던 집에서 이사를 했다. 인테리어도 새로 하고 전공을 살려 침대, 소파도 직접 만들었단다. 집들이 날, 신혼집 같다고 탄성을 질렀다. 거실에는 둘째가 그린 그림 석 점이 걸려 있었다. 화두는 여행간 둘째네 이야기가 많았다. 결혼 전 무채색의 암울했던 그림이 결혼하고 가원이를 낳고 유채색의 밝은 그림이 되었다고 식구 모두가 좋아했다.

여행을 무사히 끝내고 공항에서 집으로 오고 있다는 전화를 받고 안도의 숨을 쉬었다. 선물을 할 때면 많은 고민을 하게 된다. 특히 남자의 선물은 더 어렵다. 남편은 바깥사돈이 사온 이태리제 블랙 지갑을 선물 받고 긴 시간을 고민하여 메시지를 보냈다고 한다. 글의 내용, 토씨하나도 소홀히 할 수가 없나고 했다. 손수 쓰는 글씨가 아니고 기계로 쓰는 '新 사돈지'라는 생각이 든다. 바깥사돈한테서 장문의 답글이 왔다고 한다. 명절이면 선물을 주고받고 일 년에 한번 정도 만나서 식사를 하는데 이번 연말에 한번 만나자는 메시지가 왔다. 11월 말 주말에 약속을 잡아보기로 한다.

친정에 다니러온 딸과 사위가 조심스레 말을 꺼낸다. 아버님이 그러시는데 첫아이 가원이 이름은 유명한 작명소에 부탁하여 시집에서 지었는데 두 번째 애기는 친정에서 지어줄 수 있냐며 여쭤보라고 했단다. 자식이 자식을 낳는데 일방적이지 않고 따뜻한 배려가 전해 와서 훈훈했다. 갑자기 우리 아이 셋의 이름을 지어주신 돌아가신 시아버지가 떠올랐다. 아직 시간이 남았으니 생각해보자고 했다. 5년 전 결혼 날을 받아놓고 사돈이 우리 딸에게 예단과 예물을 없애고 양쪽 어른들 똑같은 크기의 금반지 4개만 맞추라고 한 것은 인상적이어서 두고두고 고마운 마음으로 지니고 있다. 어느 해 식사자리 만남에서 내 글이 들어간 책을 선물했더니 단번에 읽으시고 극찬을 해주어서 기분이 좋았던 기억이 있다. 시아버지와 며느리가 가끔 동네 카페에서 공부를 한다는 신식 사돈이다. 딸이 가원이를 맡기고 학원에 가는 날은 친정 엄마보다 시어머니가 더 편하다는 말을 할 때 서운함 보다는 우리 딸 잘 키웠다는 생각이 드는 것은 나만의 생각일까? 어른들한테 예쁨 받는 우리 딸이 떠올라 미소 짓게 만든다. 바깥사돈끼리 주고받던 메시지가 확정이 되었다. 큰아이 카페에서 12월 첫째 날 일요일에 만나기로 했다. 사돈 간의 만남이 만나다 보면 가족들의 모임이 된다.

번거롭기도 하고 어려운 사이지만 만남이 기대되기도 한다. 시대가 변했지만 예전 어른들은 상상도 못했던 일인데 신식 사돈의 만남이 일주일 뒤로 다가왔다.

– 2019. 11.

빨간 가방 외 1편

한 혜 정

어떤 것을 좋아하는 취향은 나이가 들어도 변하지 않는가 보다. 스포츠센터로 가기 위해 6호선 전철역으로 걸어가고 있었다. 길가의 양품점에 진열해놓은 화려한 옷과 예쁜 가방들을 유리창을 통해 보게 되었다. 그 중에 유난히 눈에 띄는 것은 A4 용지정도 크기의 끈 달린 빨간 가방이 나의 발길을 멈추게 했다.

일단 문을 열고 들어가니 50대 정도의 여자가 만사가 귀찮은 듯 의자에 길게 누워 있다가 얼른 일어나며 "어서 오세요. 요새 장사가 너무 안 돼서."하며 혼잣말처럼 한다. 빨간 가방을 가리키며 얼마냐고 물었다. 가죽으로 된 수입품이라고 하며 십만 원만 달라고 한다. 가방 속을 보니 가죽이 분명하고 내용물도 넉넉히 들어갈 수 있게 되어 쓰기 편하게 보였다. 정가표가 붙어있는 것만 주로 사다보니 값을 깎는 습관은 없지만 좀 싸게 해 달라고 했다. 만원만 빼 주겠다고 한다. 수입품이라 하지만 이름 있는 명품도 아니고 보세품 같은데 더 저렴하게 주라고 했다. 자신도 모르게 신기할 정도로 값을 흥정하고 있었다. 주인은 "장사도 안 되는데 본전에 드릴게요."라고 하며 팔만 원만 내라고 한다. "본전이라고 하니 가슴이 아프네요."라며 팔만 원을 주고 들고 다니던 작은 가방을 새 가방 속에 넣어 가지고 나오며 모처럼 기분이 상쾌했다.

'정말 본전에 주었을까' 생각하며 세 가지 거짓말이 생각났다. 처녀가 시집 안 간다는 말, 노인이 죽고 싶다는 말, 장사꾼이 본전에 준다는 말이다. 본인 입으로 본전에 준다는 말은 하나도 안 남는 장사라는 뜻이고 태도를 보니 손님이 없어서 의자에 누워있던 모습이 안쓰럽게 보였다. 12시가 좀 넘어서인지 출출하여 운동가서 먹으려고 근처 떡집에 들러서 절편 두 팩을 샀다. 거짓말이든 아니든 그 여자에게 한 팩을 갖다 주고 싶었다. "비싼 것은 아니지만 떡 드세요." 하고 주었더니 놀라는 듯 활짝 웃으며 "다음에 지나다가 한번 들르세요, 스카프하나 드릴게요."라고 한다. 뭘 바라고 준 건 아니고 혼자서 손님 기다리는 무료한 시간에 떡이라도 먹으며 기분 전환 하라는 뜻으로 준 것이다. 예쁜 가방 구입한 내가 즐거우니 그 여인도 팔아서 즐거웠으면 하는 마음이다.

옛날을 생각해보면 어릴 때부터 빨강색을 좋아했던 터라, 처녀시절에도 빨간 외투를 입고 다녔고, 블라우스, 치마, 바지까지도 빨갛게 입고 다닌 적이 있었다. 결혼 후에는 주로 감색, 밤색, 검정색 등의 점잖은 색깔의 의상을 입고 다니게 되었다.

어느 날 동료들과 금강 양화점에 가게 되었는데, 빨간 구두가 너무 예뻐서 망설이다가 사가지고 왔다. 다음날 현관에 있는 빨간 구두를 본 남편은 아니 지금 나이가 몇인데, 또 학교 선생이 점잖지 못하게 빨간 구두를 신느냐고 당장 갖다버리라고 호되게 야단을 한다. 비싼 신발인데 하며 몰래 신을 수도 없고 하여 검정 구두약을 사다가 붓으로 까맣게 칠하고 햇볕에 말렸다. 마른 다음에 보니 빨강색도, 검은색도 아니고 번쩍거려서 도저히 신을 수가 없었다. 화도 나고 속상하여 쓰레기통에 버리며 앞으로 빨강색으로 된 것은 아무것도 안사겠다고 단단히 마음 다졌던 기억이 난다.

그 후 십여 년이 지나 화계초등학교에서 근무할 때다. 미아삼거리에 있는 신세계백화점에서 가방을 세일한다고 하여 퇴근 후 동료 몇 명이 몰려갔다. 그때에는 가방을 한 쪽 어깨에 메고 다니는 것이 유행이었다. 그런데 빨간색 가방이 제일 예뻐 보였다. 같이 간 선생님들도 빨간 가방을 하나씩 메고 서로 예쁘다고 모두 빨가 가방을 샀다. 예전에 빨간 구두로 속상해서 스스로 다짐까지 했던 생각은 까맣게 잊고 덜컥 사가지고 왔다. 자기가 좋아하는 색은 어쩔 수가 없는 모양이다. 집에 오자마자 예전에 야단치던 남편 생각이 나서 마음이 조마조마했다. 그날 저녁에 아닌 게 아니라 빨간 가방을 본 남편은 요즘 다방레지도 안 들고 다니는 빨간 가방을 누가 메고 다닌다고……. 자기 사무실 경리아가씨나 갖다 주겠다고 한다. 그 말에 더 화가 나서 "도대체 경리가 몇 살인데? 그리고 빨간색하고는 무슨 원수가 졌어요?"하고 정색을 하고 따졌다. 남편은 빨간색만 보면 빨갱이 생각이 나서 자기는 제일 싫은 색이 빨강이라고 한다. 처음엔 어이가 없었지만 생각해보니 6·25때 두 형님이 빨갱이에게 희생되었다는 얘기를 들은 적이 있어서 이해가 되었다. 유달리 빨간색을 싫어하는 남편의 성질을 건드리지 않으려고 그 후로는 빨간 의상과 소지품은 될 수 있는 대로 자제했다. 세월이 흘러 성격도 변했는지 지금은 빨간색도 좋지만 청색이 더 좋아졌다.

과거에 빨간 구두와 빨간 가방으로 감정이 상했던 때를 회상하며 운동 끝나고 오면서도 새로 산 가방을 보고 또 본다. 역시 빨간색 가방이 예쁘구나! 하며 딸들이 선물로 사다준 명품 빽 보다 지금 새로 산 가방이 제일 맘에 들고 잘 샀다고 생각했다. 남편에겐 좀 미안하지만…….

옛날에는 그렇게 싫었던 핀잔의 소리 까지도 이제는 그리움의 대상이 되었으니, 빨간 구두와 빨간 가방은 젊은 날의 잊지 못할 추억이다.

– 2019. 12. 4.

기적이 따로 없다

한 혜 정

얼마 전 두 곳의 결혼식에 참석하고 집에 왔는데, 좀 무리했는지 갑자기 허리와 다리가 아파왔다. 자고나면 낫겠지 하고 대수롭지 않게 생각했는데 아침에 일어나니 엉덩이와 종아리가 결려서 걷지를 못하겠다. 5분도 못 걷고 앉아야만 했다.

요즘 바쁘다는 핑계로 운동을 못해서 그런가하고 스포츠센터에 갔다. 운동을 하는 동안은 아무렇지도 않고 기분도 좋다가 집으로 걸어올 때는 또 아픈 증세가 나타난다. 점점 더 심해졌다. 친구 최 선생은 그렇게 아프면서 어찌 지내겠느냐며 자기가 다니는 병원에 가보자고 몇 번이나 권했으나 운동으로 고쳐보겠다고 고집을 부렸다. 그렇게 두 주일을 버티다가 더 이상 견딜 수가 없어서 최 선생이 인내하는 병원으로 갔다.

그 병원은 양방 한방을 통합해서 진료한다. 침과 주사를 놔주고 견인, 초음파, 적외선 등 여러 가지로 치료를 한다. 그런데 엑스레이 시설은 없고 환자가 말하는 증세만 듣고 병명을 말해준다. 너무 아파서 걷지를 못한다고 했더니 "척추 협착입니다."라고 한다. 그리고 엎드려 놓고 엉덩이에 침을 놓을 때 다리까지 찡하는 신호가 가면 빨리 말하라고 하면서 침을 꽂는다. 침이 들어가는 순간 시큰하며 상당히 아프게 신호가 왔다. 빨리 말한다는 게 "오케이"라 했더니 "영어를 잘 하십니다."라고 웃으며 말한다. 침을 다 놓은 후 "협착이 아주 심합니다. 그런데 빨리 낫겠습니다."라고 한다. 의사의 빨리 낫겠다는 한마디가 그렇게 고맙고 희망을 줄 수가 없다. 우리 막내아들 정도로 보이는 젊은 의사는 여유 있게 유머도 섞어가며 침을 놓는다. 그 다음부터는 종아리까지 신호가 가면 '오케이, 안가면 보통'이라고 하다가 이제는 "오케이, 노케이"로 대답한다. 의사도 재미있는지 '오케이? 노케이?'하며 먼저 묻는다. 침을 맞을 때 겁먹지 않게 도와주려는 배려인 것 같았다.

의사가 침을 꽂고 나간 후 무슨 침이 그렇게 아프냐고 간호사에게 물어보니 "장침이라 아파요."라고 한다. 침을 뺄 때 보여주는데 내 손가락으로 한 뼘이나 되 보인다. 그 침이 엉덩이 속으로 얼마나 들어갔을까 궁금했으나 볼 수가 없었다.

처음 침을 맞고 하루 밤 자고 일어나니 기분도 상쾌하고 걷는데 아무 불편이 없었다. 언제 고통이 있었든가 할 정도로 잘 걸었다. 그야말로 기적이 일어난 것 같았다. 쉽게 못 걸을 줄 알았는데 이렇게 빨리 고치다니 침을 준 의사는 『동의보감』의 저자 허준 같이 유능한 의사처럼 느껴졌다. 그 다음날 고맙다고 인사를 했더니 완전히 난 것이 아니기 때문에 계속 침을 맞아야 한다고 하여 지금까지 침을 맞으러 다닌다. 그런데 좀 오래 걸으면 또 아픈 증상이 나오므로 약간은 실망이 가나, 일단 5분도 못 걷던 사람을 좀 더 걷게 만들어 주었으니 많이 좋아진 셈이다. 약 처방도 없고 침 한방에 이만큼 고쳐진다는 게 정말 신기했다. 13년 전에 척추 4,5번의 협착으로 오랫동안 고생했을 때에도 침과 물리치료 등 여러 가지 치료를 받아 정상적으로 되어 지금까지 운동도 하며 활발하게 지내왔다. 언제나 건강 할 줄 알았던 몸이 이렇게 갑자기 또 고장이 날리라고는 생각조차 못했다. 이제 나이가 네 몸도 노화가 되었으니 조심하라고 일러주는 것 같았다.

'기적은 하늘을 날거나 바다 위를 걷는 것이 아니라, 땅에서 걸어 다니는 것이다.'라는 중국 속담이 있다. 예전에는 땅위를 걷는 것은 당연한 것이지 그게 무슨 기적이냐고 웃어버렸던 기억이 난다. 그런데 요즘 통증이 와서 잘 걷지를 못하니 역시 실감이 난다.

아침에 자리에서 일어나고, 양손으로 음식을 만들며, 친구들과 즐겁게 대화를 나눌 수 있는 일, 등등은 지극히 일상적인 일이나 생각에 따라서는 모두가 기적이 될 수 있다. 건강하고 몸의 하자가 없으면 이미 기적이 다 일어난 셈이니 얼마나 행복할까마는 그때는 고맙고 감사할 줄도 모르고 지내온 것이다.

의사는 꾸준히 침을 맞으면 낫는다고 안심하라고 하지만 언제까지 "오케이, 노케이."를 하며 침을 맞아야 하는 건지 고민이 된다. 그러나 빨리 낫겠다는 의사의 말을 긍정적으로 믿으며 희망을 가지고 열심히 다닌다. 몸이 아파 쩔쩔 맬 때 병원으로 이끌어준 최선생은 본인 몸도 불편한데 친구의 아픔을 더 걱정해준다. 그런 친구가 있어서 참 다행이고 행복하다.

기적이 따로 없다. 최 선생도 나도 짱짱하게 걷는다면, 또 바르게 걷기를 애타게 원하던 장애인의 몸이 정상적으로 될 때 그것이 바로 기적이 아닐까.

— 2019. 11. 20.

2부

다시 봄을 기다리며

다시 봄을 기다리며 외 1편

장 영 교

이 땅에 태어나 봄여름 가을 겨울 4계절을 다 누릴 수 있다는 것은 보통 행운은 아닌 것 같다. 이 아름다운 내 고장을 참으로 사랑할 수 있었던 중요한 조건이기도 하지만 정말 고맙고 자랑스러운 고향이다.

봄은 봄대로 겨울 혹독한 추위에서 벗어나게 한 따뜻한 볕은 만물을 소생 시키는 원동력이기도 하지만 온갖 꽃을 다 피워 세상을 아름답게 했으니 얼마나 희망적인 시작의 계절인가?

여름은 그렇다고 마냥 찌는 더위뿐이겠는가 더위로 얻어지는 수없이 많은 즐거움도 생각해봐야 할 것이다. 좋은 가을도 여름의 강력한 햇살과 더위가 가져다준 결실이 아니겠느냐 여름 없는 풍요로운 가을을 기대 할 수가 있을까 그것은 쭉정이 가을이 될 수밖에 없다는 것은 삼척동자도 다 알 수 있다.

우리는 공기가 중요하다는 것을 잊고 사는 것처럼 자연의 고마움인들 얼마나 알고 있을까 마찬가지다.

가까운 공원에서 계절이 하루가 다르게 변하고 있음을 온 몸으로 느끼면서 역시 자연이 알려주는 신비함은 물론 위대함까지도 그들은 어쩌면 저리도 조용한지 야단스럽게 떠들기를 하나 자랑을 하나 아니 겸손 한 것인지 자연이야 말로 우리에게는 더 이상의 스승이 또 있을까.

벚나무 한 그루도 처음에는 잎 몇 개가 노랗게 물들어 섞이는 가 했더니 며칠 지나자 어느새 빨간 잎이 나타나기 시작했다. 초록에다 노랑 빨강이 어울려 예쁘다 못해 그대로 커다란 꽃다발이 되었다

봄에는 아름다운 꽃으로 그렇게도 공원을 꽃 대궐로 장식하여 설레게 하더니 이제 가을을 맞아 새로운 꽃다발로 연출하는 게 신기했다. 조물주의 세상은 어느 것 하나도 허술 하거나 그냥 된 것이 있기는 할까.

어제 오늘은 또 온 바닥을 곱게 양탄자를 깔아놓는 게 아닌가. 어쩌면 이렇게 끝까지 자신을 다 내려놓는 것은 인간에게 보여주는 깊은 뜻이 아니면 배려라고 해야 할지.

자연이 우리에게 주는 가르침이고 무한한 선물이 아닐까.

나는 그들의 일생을 일찍부터 지켜봤는데 이제 바닥으로 꽃다발을 내려놓는 수순에까지 이르렀다.

깊어가는 계절을 알리는 멧시지인 것 같은데 나는 올해도 어김없이 이 화려한 카펫을 몇 해 째 밟고 있구나 생각하니 무한한 감회에 젖어들지 않을 수 없었다. 이렇게 아름다운 카펫으로 언제까지 불러 줄 것인가 당장 내년에도 건강하게 초대 해 주기를 간절히 바랄 뿐이다.

낙엽과의 인연을 도리 켜 보면 어린 시절 낙엽을 한 움큼씩 쓸어다가 친구들에게 장난치듯 뿌려 보던 재미도 쏠쏠했다. 고운 낙엽이 너무 좋아 사랑한다는 표현이었겠지.

점점 자라면서 철은 들었을까, 예쁜 단풍을 골라 친한 친구에게 책

갈피에 꽂으라고 건네주었던 우정이 또 얼마나 아름다웠던가? 더 나이 들면서 인생을 깊이 생각 할 즈음 고뇌의 상념에서 헤어나지 못해 걸었던 낙엽 길은 때로는 해결의 장이 되기도 했고 아름다운 구르몽의 시 구절을 사랑하던 어쩌면 낭만의 길이기도 했다. 이제 늙어 가면서 비에 젖은 고운 낙엽을 누가 볼까봐 몰래 챙긴 것은 나이 값도 못하는 철없는 늙은이로 보이는 게 싫어서 였다.

낙엽 소리에 귀 기우리며 가는 계절을 아쉬워도 했고 눈물겹도록 감사했던 것은 다시 아름다운 카펫을 밟게 해준 자연의 깊고 오묘한 선물이 고마웠다.

머지않아 찬바람이 불고 공원에는 찾아오는 사람이 뜸 해 질 때는 흰 눈발도 날리겠지. 늦게까지 푸른 잎을 고수하던 목련도 더 이상은 견딜 수가 없었는지 그 무성하던 숱을 한꺼번에 내려놓았다. 놀라워 무슨 사연인가 가까이 가서 쳐다보니, 아 빈 가지에 벌써 꽃맹아리를 준비한 모습이 가슴 떨릴 만큼 반가웠다. 아니 존경스럽기까지 했다. 한 송이 목련을 피우기 위한 그 기막힌 준비가 벌서부터 시작 되었다는 것이 너무도 경이로웠다. 내년 4월 첫 주에 피울 그 청아한 한 송이 목련이 가슴에 안기듯 코끝에 신선한 향기가 상큼하게 느껴졌다 아니 내 속으로 들어 왔다.

겨울준비에 의연한 공원가족들의 모습이 오늘따라 쓸쓸 할 줄로 알았는데 오히려 싸늘한 하늘을 향해 앙상히 뻗은 가지는 강력한 맹세 같은 결기가 보였다.

머지않아 빈 벤치에는 겨울의 여신 흰 눈이 천사가 되어 곧 내려앉으리라. 그리고 식구들을 하나하나 어루만지며 사랑의 생명수를 공급할 것이다.

아, 자연은 정직했고, 평화와 인내와 희생과 겸손이었으며 한없이 아름다웠다.

나는 또 다시 봄을 기다릴 것이다.

나무서방을 얼싸안고

장 영 교

이게 얼마만인가?

참으로 오래 만에 진주를 다시 찾으니 감회가 새로웠다. 그때 내 나이가 스물 중반은 되기나 했을까? 근무하던 같은 학교 선생님들과 남도를 한 바퀴 도는 여행 중에 진주를 들린 적이 있었다. 그때만 해도 요즘같이 여행이 그렇게 일반화가 되거나 편리하지도 않았는데 젊은 교사들의 획기적인 용기와 호기심에 의해 이루어진 그야말로 파격적이고 과감한 여행이었다.

부산까지 가서 바닷길로 배를 타고 갔는데, 그때 그 봄 바다의 싱그러움은 지금까지도 잊을 수가 없다. 우리는 해군도시 진해까지 가서 벚꽃을 구경하고, 그 다음은 가곡 '가고파'의 도시 마산까지 갔다가 다음 차례가 진주로 갔는데, 처음에는 기차로 출발해서 배도 몇 시간씩 탔고 버스도 타고 생각하면 매우 도전적이기도 했지만 재미있는 여행이었다.

가는 곳마다 호기심과 초행길에 대한 기대가 대단했다. 진주에 도착했을 때 청년들은 하나 같이 논개가 자기 애인이라도 되는 것처럼 모두 연민의 정을 못 잊어 로멘티시즘에 빠진 듯 했다.

"진주라 천리 길을 내 어이 왔던 가" 애절하기가 꼭 논개 때문에 천리 길을 찾아온 것 같았다.

지금 90대는 젊은 날이 요즘 젊은이들에 비한다면 삭막했다고 해도 과언은 아니다. 그들은 살기 위해 열심히 노력한 것 외 무슨 다른 생각을 할 여력이 없었으니까.

그들이 촉석루에서 술이 한 잔 들어가니 자연히 분위기는 합창이 되었고 물론 논개의 충절에 대한 경의와 존경이겠지만 노래 소리는 끝 내 울먹이기까지 하면서 "촉석루에 달빛만 나무기둥을 얼싸안고"가 나중에는 "촉석루에 달빛만 나무서방을 얼싸안고"라고 개사까지 하면서 목이 메이던 그들 모습이 지금도 어제 일처럼 눈에 선하다.

그때 그 청년들의 순수했던 순정은 가히 로맨스 가이었는데 세월은 많이도 흘렀지만 나는 오늘 그들의 고뇌에 찼던 젊음을 다시 떠올리니 그리움에 앞서 가슴 저 깊은 곳에는 눈물이라도 고이고 있지 않나 싶다.

그때 총각 선생님들은 다들 어떻게 되었는지 60년 세월이 꿈결 같다는 말은 이래두고 한 것 같다.

나를 유독 귀여워하던 Y선생은 지금까지 살아 있기는 할까? 나이가 다 나보다 5,6년은 위였으니 90노인을 아직도 살아 있기를 감히 기대해 봐도 될지 모르겠다. 그림도 잘 그리고 훤칠한 키다리였는데 마음씨도 착하고.

나는 정작 내가 좋아하는 친구에게 여행하는 동안 계속 여행지를 소개하는 엽서를 써서 부치는 중이었다. 진주에 도착하니 우체통을 못 찾아 아침에 무작정 여관 앞으로 지나가는 어떤 청년에게 우체국을 물으니 자기가 우체국까지 가는 방향이라고 해서 다행히 맡길 수 있었다. 청년은 엽서를 받아 들고 그 자리에서 사연을 읽기 시작하더니 자기도 이런 글 한 번 받아 보고 싶다고 하면서 자기와 팬팔을 하면 안 되겠느냐고 농담까지 하던, 눈이 서글서글하고 친절했던 진주 청년도 그리울 만큼 생각난다. 그 청년은 아직도 진주에 살고 있기는 할까. 청년도 지금은 많이 늙었겠지. 남강이 어디 흐르기를 멈춘 적이 있었겠나.

다시 진주를 찾으니 발전되고 세련된 진주거리보다 그때 그 시절, 지난 날 진주에서 한 장면의 추억이 아름다운 엽서처럼 한 장 씩 떠올랐다.

세월은 속절없지만 나는 다시 진주에 와서 아직도 아름다운 마음의 엽서를 만지작거리면서 추억을 헤매고 있다. 별 것 도 아닌 서툴렀던 싱그러움이 어찌 그리도 그립고 아름다운지 지금은 잘 정돈되고 도시화 된 몰라보게 새로운 진주로 변해도 그저 그 촌티 나고 불편 했던 그 옛날 촉석루가 그때 젊은이들에게는 더할 나위 없는 낭만의 사연이 아니 였을까 그리운 추억은 속절없는 세월 탓인지 애닲기만 하구나.

진주라 천릿길을 내 어이 왔던가.

아내의 아킬레스건 외 1편

이 영 승

아내는 요즘 외손녀 동영상을 보는 낙으로 산다. 생후 8개월째 접어든 서윤이는 며칠 전부터 배밀이를 시작했다. 신기하기 그지없다. 자식 남매 키우면서 다 겼었건만 마치 처음 보는 것만 같다. 딸은 서윤이 갓난아기 때부터 발달과정을 하루도 거르지 않고 동영상으로 찍어서 카톡으로 보낸다. 아내는 서윤이가 마치 자기 말을 알아듣기라도 하는 양 "서윤아~ 까꿍!"하며 같은 동영상을 보고 또 본다.

그러한 아내의 심정을 나는 충분히 이해한다. 딸이 혼기가 차도록 결혼을 하지 않아 한때 심한 우울증까지 겪었던 아내이다. 그런 후 드디어 결혼을 하게 되었으며, 이제 손주까지 보았으니 어찌 귀엽지 않으랴. 나 역시 겉으로 표현을 자제할 뿐이지, 동영상을 보는 즐거움은 아내와 별반 다르지 않다. 한때는 보기 싫을 정도로 딸이 밉기까지 했다. 요즘은 이런 기쁨을 주는 딸아이가 너무도 고맙고 대견스럽기만 하다. 그동안 주변 사람들이 "손주 보는 재미로 산다."던 말을 이제야 이해할 것 같다.

딸이 아이를 낳은 후부터 아내에게 전화하는 횟수가 부쩍 잦아졌다. 처음 겪는 육아라 아기의 안색만 변해도 전화해서 "엄마, 왜 그래? 어떻게 해?"하고 유난이다. 모녀가 결혼문제로 갈등이 심했던 때를 생각하면 얼마나 다행인지 모르겠다. 요즘은 수시로 반찬을 만들어 딸에게 택배로 보내느라 바쁘다. 그 덕분에 우리 집 밥상도 푸짐해졌다. 도대체 자식사랑은 어디까지일까? 하루는 딸이 서윤이의 웃는 모습이 신기하고 장한 듯 어쩔 줄을 몰라 했다. 당연한 그 장면이 우리에게 왜 이토록 감동을 줄까? 마치 한 폭의 그림 같았다. 우리도 저들을 키울 때 저토록 귀하게 키웠다는 사실을 알기나 할까?

며칠 전 아내와 딸이 전화하다가 사소한 일로 말다툼을 했다. 딸이 느닷없이 "엄마 그러면 앞으로 서윤이 동영상 보내지 않을 거야!"라고 했다. 그 말에 아내는 얼마나 충격을 받았는지 한동안 아무 말도 하지 못했다. 어쩌면 하도 어이가 없어 말문이 막혀버렸을지도 모른다. 도대체 이게 말이나 되는 소린가? 나 같으면 "보내기 싫으면 보내지 마"하고 큰소리 칠 것 같은데 그러지를 못했다. 이렇게 되기까지에는 아내의 책임도 없지 않다. 손주사랑도 어지간해야지!

한참 후 정신을 차린 아내는 차분히 말했다. "나한테 보내기 싫으면 아빠한테로 보내"하고 그냥 웃어 넘겼다. 문제는 딸이 엄마를 놀리려고 농으로 한 말이 아니라는 것이다. 동영상 보내는 일을 부모에게 큰 선심을 쓰고 효도라도 하는 양 생각하고 있음이 분명했다. 하기야 요즘 아내에게는 더할 나위 없는 즐거움이니 이보다 더 큰 효도는 없다.

나는 요즘 회심의 미소를 짓고 있다. 만약 앞으로 아내와 다투게 되면 내가 무조건 이길 수 있는 비장의 무기가 생겼기 때문이다. 그 무기란 바로 "당신 그러면 서윤이 동영상 보내지 말라고 할 거야!"라는 말 한마디이다. 그 한마디면 아내는 완전 속수무책일 것이다. 나는 그 장면을 분명히 목격했었다. 요즘 아내에게 이보다 더한 아킬레스건은 없다.

– 2019. 7.

무한우주 속의 찰나인생

이 영 승

겁(劫)이란 가장 긴 시간의 단위이다. 천지가 한번 개벽한 후 다음 개벽할 때까지를 의미한다. 잡아함경(雜阿含經)에 보면 '사방, 상하로 1유순(약15km)의 큰 바위를 천으로 100년에 한 번씩 문질러서 다 마멸되어도 겁은 끝나지 않는다.'고 했다. 유사한 뜻으로 힌두교에 '칼파'라는 말이 있다. 86억4천만 년을 뜻한다. 모두 무한의 긴 시간을 의미한다.

우리는 우주 속의 작은 점 하나인 지구라는 천체에 살고 있다. 지구는 태양을 중심으로 자전과 공전을 한다. 적도를 기준으로 자전 속도는 시속 1,670km 이며, 공전 속도는 약 11만km로 자전 속도의 65배나 된다. 총알 속도가 초속 800m 이니까 지구는 총알보다 40배 빠르게 태양을 돌고 있다. 그럼에도 우리가 속도를 느끼지 못하는 것은 사람도 지구와 같은 속도로 함께 움직이기 때문이다. 지구는 스스로 빛을 내지 못하며 태양이라는 항성의 빛을 받아 그 에너지로 생명체가 살아간다.

별의 대량집단을 은하계라 하며, 은하계의 집단을 은하단이라 한다. 그리고 은하단의 집단을 버고은하단이라 하며 버고은하단의 집단을 초버고은하단, 초버고은하단의 집단을 초초버고은하단……이라한다. 우주는 끝이 없다는 뜻이다. 한 은하계에는 천만 ~ 1조개의 별이 있는데 태양계가 속한 안드로메다 은하계에는 천억 개 정도의 별이 있다.

그렇다면 우주의 크기는 얼마나 될까? 빛이 일 년 동안 가는 거리를 1광년(光年)이라고 한다. 빛의 속도가 초속 30만km이니 1광년은 약 9조 5천억km 거리이다. 지구에서 38만km인 달은 빛으로 1초 남짓 거리이며, 1억5천만km인 태양은 8분정도 거리이다. 우리가 좋아하는 북두칠성은 50~170광년의 엄청난 거리에 있다. 그러나 우주에서 먼별이라고 함은 3천만광년 이상이라고 하니 북두칠성도 지구와 아주 가까운 별에 속한다. 결론적으로 우주의 크기는 상상할 수 없을 정도로 무한하다.

우주 공간의 별은 끝없이 생성과 소멸이 반복된다. 지구와 태양의 수명은 대략 100억년으로 추정하며 현재 나이는 45억년 정도이다. 이미 수명이 반 정도 지났다. 천체는 수명이 다할수록 에너지가 점차 감쇠된다. 지구가 처음 생성되었을 때는 1번 자전하는데 11시간이 소요되었으나 지금은 24시간(정확히 23시간56분)으로 많이 늦어졌다. 앞으로 55억년 후에는 태양도 지구도 에너지가 소진하여 운행을 중단하고 한 조각의 운석으로 사라져버리게 된다는 것이다.

우주의 수많은 별 중에서 생명체가 사는 곳은 지구뿐일까? 우주 공간에는 지구와 유사한 환경의 별들도 많아 과학자들은 그 별들에도 생명체가 있을 것으로 본다. 어쩌면 지구의 인간보다 더 우수한 고등동물이 살지도 모른다. 그렇다면 그 별들의 수명이 다하면 생명체도 일시에 다 사라져 버릴까? 참으로 관건이 아닐 수 없다. 그러나 반드시 그렇다고 할 수는 없다. 그렇게 되기 전에 생명체가 살 수 있는 다른 별을 찾아 이동을 할 수도 있기 때문이다. 지구상의 인간도 끝없이 과학이 발달하여 새로운 별을 찾아 나설 것이며, 다른 별의 외계인 침입을 막을 것이다. 그야말로 별들의 전쟁이 시작되는 것이다. 이 필연을 어찌 공상이라고만 할 수 있겠는가?

'찰나 같은 인생'이라는 말이 있다. 불가에서 눈 한번 깜박할 정도의 짧은 시간을 순식간(瞬息間)이라 하며, 순식간의 10분의1을 탄지경(彈指頃)이라고 한다. 그리고 이보다도 훨씬 더 짧은 찰나(刹那)는 탄지경의 65분의1로 눈 한번 깜박할 시간의 650/1인 셈이다. 그렇다면 무한의 이 우주공간에서 인생 백년의 시간개념은 어떻게 봐야할까? 찰나에 비유한 것이 결코 무리는 아닐 성싶다. 찰나 같은 우리네 인생, 미워하고 시기하며 아옹다옹할 일이 뭐 있으랴!

신(神)의 실수(失手) 외 1편

문 학 희

금요일 아침 부음(訃音) 소식은 나를 실색케 했다. 어제 대화를 나눴던 친구의 사망소식은 너무도 뜻밖의 일이라 믿기지 않치만 급한 걸음으로 장례식장을 찾았다. 꽃 속에 웃고 있는 친구의 모습이 더욱 놀라움으로 참을 수 없는 눈물을 하염없이 흘리며 꽃한송이를 영전에 올리고 돌아서려니 꿈같은 현실에 또 한 번 돌아보며 영민을 빌었다.

그곳에서도 건강하고 아름답게 영생하라고…….

같은 해에 정년을 맞은 친구는 모교에 봉직하며 후배를 아우르고 제자를 사랑으로 이끄는 충직하고 건실한 교직을 천직으로 알고 그 속에서 일생을 보냈던 사심 없는 좋은 친구였다. 정년 후 컴퓨터 강습을 6개월간 숙대에서 매일 같은 시간에 모여 수업하고 끝나면 차 한 잔으로 담소의 꽃을 피우며 우정을 다졌던 사립교장 6명중 한명의 친구다.

1999년 같은 해에 학교를 떠난 교장들의 모임을 이목회라 칭하고 20년간 매월 결근 없는 친교를 굳혀온 친구이기도 하다. 분당에서 서울을 왕복 택시로 오갔던 친구로도 유명하다.

왜 대중교통을 이용하면 안 되냐고 물으면 남편의 성화에 꼭 택시를 이용하게 된다고 한다. 남편은 모 대학 교수로 같은 수학전공의 학교 커플이다. 내가 대려다줘야 하는데 그렇지 못하니 당신은 꼭 택시로 안전하고 편하게 다니라고 채근을 해서 자기는 남편 때문에 편하게 모임에 올수 있다고 했다. 부인을 누구보다 소중하게 여기고 부인을 천사라고 말하기도 하는 애처가 양반이시다. 그런 남편을 여윈지가 2년 남짓한데 남편 곁으로 부름 받고 떠난 것일까? 아니면 신의 실수일까? 남편을 여위고도 매일 외출할 때면 서재에 걸린 사진을 보고 나 다녀올 테니 집 잘 보라고 인사하고 귀가해선 잘 다녀왔다고 인사하던 애부(愛夫)가였다.

친구는 아픈 데가 없이 건강했다. 미식가이기도 하다 괴팍하리만큼 결벽증을 소지했다고 본인 스스로 말하곤 했다. 집안청소나 음식을 만들어 주는 도움이를 두지 않는 것 또한 청결 문제가 해결되지 않기 때문이라 한다. 아들과 딸이 와서 주1회씩 번갈아 가며 엄마를 도와주고 있었다. 그랬던 친구가 별안간 황망하게 떠난 것은 저승사자의 잘못이었으리라 생각한다. 동명이인의 경우 성별만 인식하고 그냥 가까운데 있는 사람을 데려간 게 아닌가!

친구를 잃은 허망한 마음을 원망이라도 해야 할듯해 지나친 신의 선택이 잘못됐음을 수없이 되뇌어 본다. 옛 어른들이 부부간에 금술이 너무 좋아도 빨리 데려 간다고 했던 말씀이 생각나기도 하지만 이번 경우는 신의 실수임이 틀림없다고 보고 억울한 심경을 벗들과 나누며 옛일을 하나하나 짚어보고 친구의 그림자를 머리 맞대고 뒤적인다.

저승의 옥황상제께서 나이어린 김 아무개 대령이라는 처사의 말에 그 애는 몇 살인고? 9살이옵니다. 네 이놈! 90세 된 노인장을 데려

오라 일렀거늘 어째 9살짜리 남아를 데려왔는고……! 혼이 나간 처사가 다시 적힌 명단을 살피니 90세를 9세 남자로 잘못보고 데려간지라 그 아이는 남의 운에 세상을 뜨게 됐다는 말씀을 야담처럼 들려주셨던 생각이 머릿속을 맴돌았다.

안타깝기 그지없는 신의 실수로 친구 잃은 슬픔을 어디에 하소연한들 돌이킬 수 없는 일이라 원망은 허공에 던질 수밖에 없었다. 만능으로 알고 있는 신(神)도 실수(失手)를 할 수 있다니 모를 일이다.

적선지가(積善之家) 필유여경(必有餘慶)

문 학 희

1960년 전후해서까지도 고지대에 살고 있는 서민생활엔 식수난과 취사용 연탄을 얻기에 힘이 들어 가계비가 상승할 수밖에 없는 때가 있었다. 저지대보다는 몇 원이라도 더 줘야 제시간에 연탄이 배달되기 때문이다.

나는 인왕산 기슭에서 배화 유치원, 매동초등학교, 배화여고에 둘러싸인 종로구 필운동 한 양옥이 한울안에 있는 집에서 태어났다. 마당엔 큰 살구나무가 있어 살구나무집이라 불리기도 했었다. 그곳에서 머지않은 곳에 필운대가 있고 조금 올라가면 활터 바위가 위용을 드러내고 서 있는 곳이니 자연스레 언덕의 중턱쯤에 우리 집이 있는 셈이다.

우리 집 마당 한옆엔 우물이 있고 그 바로 옆에 펌프와 목욕탕이 붙어있었다. 우물과 펌프 덕에 물이 귀한 줄을 모르고 지낼 수 있었으나 고지대 사람들은 우리 집 밑에 있는 공동우물을 이용해서 식수 조달을 했었다. 아침시간에 아버지와 오빠들이 출근하고 나면 어머니는 대문을 활짝 열고 새벽부터 퍼 올린 물을 이웃에 배급하기 시작하신다. 물이 떨어지면 윗동네 사람들이 집안까지 들어와 펌프나 두레박으로 물을 길어 올려 양동이로 운반하곤 했었다. 작은오빠가 쉬는 날 마음껏 쉬려고 했었는데 양동이 부딪치는 소리에 시끄러워 잠도 못자겠다며 엄마는 왜 이런 일을 하시는지 모르겠다고 투덜댄다. 어머니는 웃으시며 '적선지가엔 필유여경이니라.' 다 좋은 일이니 어서 나와서 마당을 치울 때가 된 것 같구나 하신다. 공치사를 하면 공이 없어진다 하시며 안으로 들어가셔서 작은오빠 식사 준비를 하신다.

그 이후 오랜 세월이 지나 두 번의 피난생활을 마치고 서울에 오셔서도 어머니는 여전히 힘들어하는 이웃을 보면 수돗물을 고무호수로 식수공덕하시고 여름이면 두부장사, 갈치생선 파는 아저씨들한테 미숫가루를 큰 어름 덩이를 양은그릇에 담아놓고 한 대접씩 대접하시는걸 보면서 나는 자랐다. 연탄 들여 놓는 날은 이예 대문 앞에 서 계시면서 땀 흘려 수고하는 분의 노고를 미숫가루로 위로하고 계시는 걸 보기도 했다. 가을이면 가을 떡을 해서 이웃들과 푸짐하게 나누시며 여생을 보내시는 것도 보고 자랐다.

지금의 80 노객이 된 나도 그때 어머니 연세보다 훨씬 많은 나이임에도 물건 사서 무거운 것을 잠시 옮겨 주는 젊은 청년에게도 그냥 고맙다고만 말하기엔 민망스러움을 느껴 이따가 맛있는 커피 한 산 하라고 적은 돈이라도 쥐어줘야 집에 오는 내 마음이 편안하다. 심지어 내 집을 찾는 계량기를 보러 오는 부녀나 소독하는 분이 아침 일찍부터 집집마다 다니면서 책임 다하는 것을 보면 대견하고 기특한 젊은 주부란 생각에 주머니에 넣고 다니며 배고플 때 요기라도 하라고 식사대용식을 넣어주는 습관이 생겼다. 어린 시절의 부모님 밑에서 은연중 익힌 교육이 노년이 된 지금까지도 부모님의 좋은 영향을 물려받은 게 아닌가 해서 마음속으로 항상 감사한다. 오랜 직장

생활에서 비리에 연루되거나 인색하다는 말을 듣지 않고 무사히 45년을 보낼 수 있었다는 것이 지내놓고 보니 쉬운 일이 아니었음을 알게 되었다. 수천 명의 학부모와 학생들과 함께하면서 궂은일, 궂은 말을 피할 수 있게 된 것은 돌이켜보면 어머니가 쌓아 놓으신 작은 적덕 때문에 이만큼이라도 지낼 수 있지 아니 한가 해서 감사하며 내일을 또 기대한다.

왕사탕

강 은 옥

푸른 매화가 한가득 피어있는 극세사 이불 한 세트를 구입했다. 평소에 자주 다니는 대형마트에서 유명침구 브랜드의 특별전이 있었다.

소비자가격의 절반도 안 되는 가격이었다. 너무 비싸다는 생각에 망설였던 이불을 할인가격에 구입하니 기분이 너무 좋다. 게다가 그동안 적립된 포인트로 구입을 하고 나니 왠지 공짜로 얻은 느낌마저 들었다. 침대 위에 펼쳐 놓으니 터키블루의 은은한 색감이 신비롭기까지 하다. 기분이 좋아진 탓 인지 어릴 적 아버지의 월급날이면 가겟집 아주머니에게서 얻어먹었던 왕사탕 생각이 떠오른다.

가겟집은 야트막한 산허리를 돌아가 언덕을 내려가면 이웃마을로 들어가는 입구 언저리에 있었다. 해가 긴 여름에는 오가는데 별 어려움이 없었지만 겨울로 접어들면 여간 고역이 아니었다. 그 길 중간쯤에는 잘 정돈된 무덤이 여덟 개나 있는 언덕이 있었다.

학교가 파하면 마을 아이들과 비석 위에서 딱지치기도 하고 석주를 감고 돌며 숨바꼭질을 하는 놀이터였지만 어두운 밤에는 공포의 장소이기도 했다. 이른 아침이든 늦은 저녁이든 엄마가 심부름을 시키면 가야 했던 가겟집 가는 길. 하지만 심부름보다 더 싫었던 건 손에 들려지는 외상장부였다.

우리 집은 동네에서 도청집이라 불렸다. 아버지가 도청의 고위공무원이셨기 때문이다. 아버지가 출근하실 시간이면 까만 관용 지프차가 은행나무 아래 대문 앞에서 기다리고 있었다. 학교에 가기에는 좀 이른 시간이었음에도 구태여 우리 딸 셋은 아버지의 출근차를 학교 근처까지 타고 갔다.

동네에서 우리 집은 딸부자 도청집이었다. 마을 아이들의 부러움의 대상이었다. 그런데 이 딸부자 도청집의 둘째딸이 외상장부를 들고 외상심부름을 하게 되다니 나는 어린 마음에도 조금은 모멸감을 느꼈는지 모른다. 하지만 당시의 집안사정이 어쩔 수 없이 외상을 할 수밖에 없었던 걸 눈치로도 알았기에 싫은 내색도 할 수 없었다. 왜냐하면 내가 살던 동네에서 두 번째로 큰, 뒤뜰에 아름드리 감나무가 우뚝 서있는 양옥집을 사서 이사했기 때문이었다.

이 큰집을 무리해서 샀기 때문에 앞으로 갚아야 할 게 많아서 생활도 좀 줄여야 한다는, 대신에 너는 네 방이 생기지 않았냐고 도닥여 주시는 엄마의 말씀에 금방이라도 귀신이 튀어 나올 것 같던 그 어슴푸레한 겨울저녁의 묘지앞도 뛰어 다녀올 수 있었다.

매월 20일은 아버지의 월급날이었다. 저녁밥상에 생선조림 같은 귀한 반찬이 올라오는 그날은 내가 가겟집 아주머니에게서도 특별한 대우를 받는 날이기도 했다. 물건을 사러 갈 때 들고 가는 웬수 같던 외상수첩 갈피에 엄마가 돈을 세어 끼워주시면 한달음에 가겟집으로 향했다. 어두운 밤이지만 그날만큼은 그 길이 무섭지도 멀지도 않았다. 가게에 들어서며 아줌마를 부르는 내목소리도 여느 때와 다르고 호기로웠고 반기는 아주머니의 목소리도 다정했다.

너의 엄마는 참 정확하시다. 돈이 든 수첩을 받아들며 왕사탕 한 개를 까서 내 입에 넣어주셨다. 아주머니가 주판알을 튕기며 가져간 외상수첩과 가게의 큰 장부책을 비교하는 동안 나는 가게에 진열된 물건들을 구경하거나 아주머니가 계산을 하는 앉은뱅이 책상너머 티브이를 보았다. 간혹 수사반장이나 재미있는 드라마가 나오면 아주머니가 계산을 좀 오래하면 좋겠다는 생각을 하면서 아주 천천히 입속의 왕사탕을 녹여 먹었다.

계산이 끝난 아주머니는 '고맙다고 말씀 드리거라.' 하시며 외상수첩과 함께 과자 한 봉지를 집어주신다. 하지만 내가 눈여겨보았던 맛동산이나 크라운산도 같은 고급과자는 주지 않았다.

투명비닐로 포장된 소라과자나 번데기과자 같은 걸 주셨다. 들뜬 마음으로 돌아오면 집에 있던 동생들과 똑같이 과자를 나누어주셨다.

심부름 다닌 내게는 아주머니가 입안에 넣어주시는 왕사탕만이 보너스였다. 그래도 아버지의 월급날 외상값을 갚으러 가는 그 뿌듯함은 아직도 오랜 기억 속에 남아있다. 한 달 동안 외상을 먹고 외상값을 잘 갚은 날 아주머니가 주신 왕사탕과 과자 한 봉지는 카드를 사용하고 카드대금을 성실하게 결제한 사용자에게 주는 오늘날의 포인트같은 것이 아니었을까?

포인트로 구매한 예쁜 이불을 흐뭇하게 바라보는 기분이 아버지의 월급날 먹었던 왕사탕의 달달함 같다.

두 번째 서른? 환장하겄네! 외 1편

이 제 홍

"이 다음에 너희들은 절대 장사는 하지 마라. 만약 장사를 하게 되더라도 어음거래는 하지 마라!"

자라면서 부모로부터 귀에 딱지가 앉도록 들은 말이다. 서점을 운영하면서 자식들을 가르치고, 살림살이도 늘렸지만 부모님은 자식들이 월급쟁이로 살기를 원해서 틈만 나면 하던 말이다.

아버지는 국내에서 가장 큰 학습참고서 출판사의 부여대리점을 운영했다. 당시 출판사 사장은 매년 1월 전국을 순회하며 대리점주들을 초청하여 한 해 동안의 영업방침을 설명하고 신간을 소개했다. 그 모임에서 대리점주들은 즐거운 마음으로 새로운 기대를 갖기보다 커다란 심리적 압박을 느꼈다고 했다. 행사의 주요 목적 가운데 하나가 어음 발행이기 때문이다. 출판사 사장은 대리점주들을 개별적으로 면담하며 당해 연도 매출 목표를 통보하고, 그에 상응하는 어음을 월별로 할당하여 발행하도록 했다. 어음은 상반기에 전체 발행액의 70%를 결제하도록 되어 있어 대부분의 대리점주들은 하루하루를 허겁지겁 살아야만 했다.

아버지는 책을 팔기 위해 집에 머무는 시간이 거의 없었고, 어머니는 당좌수표와 어음결제대금을 마련하느라 지인들에게 돈을 빌리러 다니는 것이 일과였다. 숨 돌릴 여유도 없이 살아오다 오십 대 초반이 되던 어느 해에 아버지가 뇌출혈로 쓰러졌다. 다행히 최악의 상황에 이르지는 않았지만 그 일이 있고 나서 많은 변화가 생겼다. 무엇보다도 정신력이 크게 약화됐다. 아버지는 7형제 중 둘째였는데 할아버지와 큰아버지가 모두 50대 초반에 돌아가셨다. 이게 다 집안 내력이라며 아버지도 죽을 때가 머지않았다고 생각한 것이다. 심한 감기라도 걸리면 집안 내력을 떠올렸고, 기분이 우울해지면 죽음을 입에 올렸다.

그렇게 조심하고 또 조심하며 살다 환갑이 되었다. 환갑이 되던 해 아버지의 건강은 무척 나빴다. 뇌출혈의 후유증이 아버지를 놔주지 않은 것이다. 환갑이 다가오자 어머니의 마음이 급해졌다. 어머니 또한 아버지가 할아버지나 큰아버지처럼 오래 살지 못할 것이라는 두려움에서 벗어나지 못했던 것이다. "네 아버지가 지금까지 살아주셔서 나는 이제 더 이상 바랄 것이 없다. 요즘 환갑잔치하면 욕먹는다고 하는데 그래도 나는 해야겠다." 어머니의 눈빛은 간절했다. 일가친척과 아버지의 친구들을 초청하여 조촐한 환갑잔치를 열었다. 그날 아버지는 무척 즐거워했고, 어머니는 말없이 눈물을 훔쳤다.

무병장수(無病長壽)나 만수무강(萬壽無疆)은 모든 사람들이 원하는 소망일 것이다. 조선시대 임금의 평균 수명은 47세였다. 양반들도 56세를 넘기지 못했다. 일반 백성들은 40세도 넘기기 어려웠을 것이라고 하니 환갑까지 사는 것은 축복이고 소망이었을 것이다. 뜻밖에도 내시들은 70세까지 살았다고 한다. 내시들이 오래 산 이유는 뭘까? 혹시 스트레스가 적은 삶을 살아서였을까? 아버지는 평생 동안 어음이라는 괴물이 가져온 스트레스를 받으며 살았다. 그래도 집안 내력(?)을 이겨내고 조선시대 양반들보다는 오래 살았으니 어머니가 감사의 눈물을 흘릴 만도 했다.

오래 사는 것은 축복일까? 아니, 건강하게 오래 사는 게 모든 사람의 바램일까? 친구가 본인의 블로그에 '아따, 환장하것네…….'라는 제목의 글을 올렸다. 아들, 딸의 '아빠 환갑 선물은 뭘로 할까요?'라는 물음에 '아니 내가 벌써 환갑이라고?'하며 놀라는 내용이다. 우리 사회는 대부분의 사람들을 환갑이 되기 전에 일선에서 밀어내고 있다. 나이 들어 밀려난 게 서러워서였을까? 어떤 이는 환갑 대신 두 번째 서른이라는 말로 바꿔 쓰기도 한다. 서른이면 한창 좋을 청춘인데 두 번째 서른도 청춘일까? 어쩌다 보니 준비한 것 하나도 없이 나도 환갑이, 두 번째 서른이 되었다. 환장하것네!

– 2019. 1. 6.

나 때는 더블 샷입니다

이 제 홍

나이 든 사람이나 윗사람이 "나 때는 말이야……."라는 말을 꺼내면 "더블 샷입니다."라고 대답하는 젊은이들이 있다고 한다. 어떤 이는 "Lattc is horse."라고 응수하기도 한단다. 물론 우스갯소리다. 한편으로는 불통스러운 심사도 담고 있는 표현이다. 생뚱맞기만 한 이 말을 처음 들었을 때는 마치 난센스 퀴즈를 듣는 것 같았다.

올해 들어 꼰대라는 말이 부쩍 많이 회자되고 있다. 베스트셀러에 오르며 화제를 불러일으킨 『90년대 생이 온다』라는 책도 '꼰대'를 주제로 한 책이다. 80년대 생인 저자가 90년대 생인 후배에게서 세대 차이를 느껴서 썼다고 한다. 나이 차가 많지 않아도 세대차를 느끼고, 나이 몇 살 더 먹었다고 '꼰대' 소리를 듣는 시대에 살고 있다는 것을 일깨워주는 책이기도 한 것이다. 이런 세태를 반영하여 영국 국영 TV 방송사 BBC는 '꼰대(kkondae)'를 "자신이 항상 옳다고 믿는 나이 많은 사람(다른 사람은 늘 잘못됐다고 여김.)"이라는 설명과 함께 '오늘의 단어'로 선정했다. BBC의 해석대로라면 꼰대란 다른 사람에 대한 공감능력이 떨어지는 사람이라는 의미로 받아들여도 무방할 것 같다. '꼰대'라는 단어가 나이 든 세대들의 전유물은 아니라는 얘기다.

공감능력과 관련하여 미국의 미네소타 대학교와 에모리 대학이 공동으로 흥미로운 연구결과를 발표 했다. 연소득이 13만 달러 이상인 부자들은 연소득이 50,000달러 수준인 사람들보다 타인과 저녁시간을 함께 보내는 날짜가 1년 동안 평균 6.4일이 적다는 것이다. 미국 UC버클리 대학도 공감능력을 둘러싼 비슷한 실험 결과를 내놓았다. 피 실험군을 자산이 많은 사람과 적은 사람으로 나누고 다양한 표정을 짓는 20명의 인물사진을 보여주며 사진 속 인물들의 감정을 맞춰보라는 미션을 준 것이다. 실험 결과 자산이 많은 사람들은 자산이 적은 사람들보다 감정을 맞추는 능력이 떨어지는 것으로 나타났다고 한다.

이 실험들은 공통적으로 부자들은 타인의 감정에 공감하더라도 자기가 얻을 수 있는 것이 미미하기 때문에 공감능력이 떨어진다고 해석하고 있다. 반면 가난한 사람들은 타인과의 유대관계를 통해 도움받을 일이 많기 때문에 공감능력도 높다는 것이다. 공감능력이 높거나 낮은 것은 결국 개인의 이기적 행태라는 의미인 것이다.

부자들의 공감능력이 낮은 데는 그만한 이유가 있다고 치더라도, 꼰대들에게도 공감능력이 떨어지는 것은 무엇으로 설명할 수 있을까? 꼰대들도 모두 부자여서일까? 꼰대들이 "나 때는~"하고 운을 떼면 그 말을 'Latte~'라고 비틀어 듣는 젊은이들이 많다고 한다. 그래서 "Latte는 더블 샷입니다."라고 대답하는 것이다. 그뿐만이 아니다. "~말이야."도 '~ is horse'라고 비틀어 "나 때는 말이야."가 "Latte is horse."로 돌아오는 것이다.

조지 오웰은 "우리 세대가 앞선 세대보다는 더 많이 알고, 다음 세대보다는 더 현명하다고 믿는다."라는 말을 남겼다. '우리 세대'의 오만을 꼬집는 말이 아닐까? 게다가 '다음 세대'는 '우리 세대'의 오만함을 받아줄 생각은 눈곱만큼도 없어 보이는데 말이다. 나이가 들어 오만하고 공감능력도 떨어지면서 "나 때는 더블 샷입니다."라는 말마저 못 알아들으면 어떻게 될까?

– 2019. 12. 8.

공짜는 없다 외 1편

양 호 인

동유럽 여행의 마지막 날이다. 공항으로 가야 하는 시간이 임박해 오고 있다. 보름이 지나고부터 집이 그리워지더니 갑자기 아쉬운 마음이 든다. 이른 아침부터 서두른 탓에 비세흐트라성의 아침은 상쾌한 모습으로 우리를 맞는다. 모처럼 느긋한 마음으로 산책길에 나선 모양새이다. 유명인사의 묘지가 있는 프라하의 공원묘지에서는 드볼작을 만나기도 하고 스메타나를 만나기도 했다. 내가 합창단 6년차 음악도라고 너스레까지 떨어가며 스메타나의 초상 옆에서 사진도 찍었다.

쉼 없이 마치 경보경주라도 하는 것처럼 빠른 템포로 달려온 18일이 아쉬워 짐은 방랑 끼가 잔뜩 들어선 나그네의 삶을 마무리하는 게 아쉬워서일 게다.

갑자기 잘 마시지도 않던 커피 생각이 간절해진다. 아니 커피보다는 유럽의 아침, 카페 분위기에 취해보고 싶었던 것일 거다. 프라하의 구 시가지를 돌며 어슬렁어슬렁 모처럼의 여유를 즐기고 있었다. 바벨이라는 구 시장을 구경하기도 하고, 선물 가게를 구경하기도 하며. 가게에서 귀국해서 선물로 쓸 크림이며 용품들로 몇 점 샀다. 선물은 기내 반입이 어려운 튜브형 크림이 있어 공항에서 큰 가방에 넣어야 하니 비닐가방에 넣어 손에 들었다. 점심 식사를 마치고 가이드의 안내로 카페로 들어갔다. 안마시던 커피를 주문했다. 어차피 비행기에서 잠을 자기는 글렀으니 책이나 읽을 심산에서였다. 컨디션이 나빠져서 미리 공항으로 떠난 셋을 뺀 일행은 달랑 일곱 명이다.

조그만 잔에 에스프레소는 피한 좀 약한 커피라는 데 나한테는 한약이다. 조금씩 마시니 뒷맛이 좋다. 몇 년 만에 즐겨 보는 진한 커피 맛인가 싶다. 하긴 내가 예전에는 커피광이 아니었던가. 위장이 나빠지면서 끊었던 커피이니 그 맛을 즐기지 못할 바 아니다. 홀짝홀짝 마시다 보니 어느새 커피잔이 바닥이 보이기 시작한다.

그때이다. 옆자리에 앉아 계산 춘천의 CH 선생님께서 커피값을 내신다고 하신다. 오카리나로 넬라환타지아를 편곡까지 하여 멋지게 연주하시어 우리 일행의 여행길에 멋진 음악회를 선물하신 분이다. 그 선율이 아직도 내 마음을 촉촉하게 한다.

선뜻 나서서 막아야 했다. 내가 가자고 부추겼고, 그렇지 않더라도 커피 한잔 사고 싶은 아침이었으니까. 그런데 내 입이 열리지 않았다. 이건 아닌데 이건 아니었다. 아니라고 내가 살 것이라고 해야 했었다. 부지런히 셈 없는 머리를 굴리고 있는 사이 커피값은 CH 선생님이 내고 말았다. 모른 척 일어설 수밖에, 아무렇지도 않게 카페를 나와 자동차에 올랐다. 공항으로 가는 자동차 안, 뒤에 앉아계신 CH 선생님이 나를 쳐다보는 것 같아 자꾸만 신경이 쓰인다. 에라 모르겠다. 상황이 끝나 버렸으니 어쩔 수 없다며 신경 안 쓰기로 했다.

공항에 도착해서 두 개의 케리어를 끌고 출국장으로 갔다. 앞서갔던 L이 캐리어를 연다. 왜 여느냐며 물었다. 아침에 산 물건을 넣어야 할 것 아니냐며 너도 넣어야 되지 않느냐고 묻는다. 그제서야 생각이 났다. 장기간 해외나들이 떠난 딸 걱정이 태산 같으실 어머니와 베란다에 무심하게 두고 온 화초들에게 여행 기간에 일요일마다 물을 주러 와주는 친구 H에게 줄 선물 꾸러미가 없어졌다는 사실을. 인솔자에게 전화를 해보았으나 자동차에도 없었다. 아마도, 아니 틀림없이 그 카페에서 커피 맛에 취해, 아니 커피값을 안 낸 대가를 치르느라 두고 온 모양이다.

세상에 공짜는 없다는 말이 생각났다. 15유로도 안 되는 커피값을 안 낸 대가는 가혹했다. 커피값의 몇 배가 되는 선물 값과 선물을 고르면서 담겼던 내 마음까지 몽땅 잃어버렸다.

여행가방을 붙이고 개찰구 입구 대기시간이다. 옆자리에 앉으신 CH 선생님이 오늘 커피값은 양 선생이 낸 것으로 하자며 위로하신다. 물론 그분은 내가 커피값을 내리라 결심했던 사실을 알 리 없으니 위로 삼아 하신 말씀이 신데, 그 말씀이 비수가 되어 더더욱 몸둘 바를 모르게 했다. 내 감사합니다, 선생님! 하고 말았다.

세상에 공짜는 없다는 어르신들의 말씀은 진리였다.

– 2019. 11. 2.

작은 반란

양 호 인

'아끼다가 똥 된다.'라는 말이 있다.

한 마디로 쓸 때 쓰지 않고, 써야 할 곳에 쓰지 않고 아끼다가 자칫 그것을 잃을 수도 있다는 뜻이다.

가난한 조선 백성이었던 시절이 끝나자 일제강점기, 6·25전쟁의 소용돌이 등, 우리 선조들은 물론 우리 세대까지 아끼지 않으면 살아낼 수 없었던 긴 시간이었다. 당연히 우리 민족의 유전인자는 아끼지 않으면 안 되는 피가 흐르게 되었는지도 모르겠다. 삼사 십 년 만에 이루어 낸 괄목할 만한 경제 성장으로 이제는 선진국 국민이 되었다는 데도 우리의 핏속에는 아직도 아껴야 산다는 강박증이 도사리고 있는 것 같다.

며칠 전 한 지인이 회사를 방문한 일이 있었다. 아마도 그 역시 사회생활을 하는 동안은 항상 그 차림이었을 것이다. 정장 양복에 넥타이까지 졸라매었고, 까만 구두를 신었다. 우리 세대의 정장이 정석이다. 중요한 자리에 갈 때는 물론이고, 회사에 다니는 사람이라면 누구나 검정 또는 회색, 아니면 감색 양복 등의 비슷한 색상의 양복과

하얀 와이셔츠가 기본으로 수십 년 동안 제복처럼 길이 들어 버린 우리 세대의 복식 문화이다.

요즘 젊은이들은 양말을 안 신는 게 유행이고, 캐주얼정장은 기본이고 심지어는 반바지차림으로 출근해도 무방한 복식 자유가 넘쳐나는 시대가 되었지만 말이다.

지인은 은퇴한 지 몇 년 동안 정장 차림을 거의 하지 않았는지, 아니 결혼식이나 장례식 등에 갈 때나 입었음 직하다. 자리에 앉자마자 가는 날이 장날이라며 들어 올린 새 구두처럼 보이는 신발은 밑창이 흐물흐물 무너지고 있었다. 디디는 발자국마다 새까맣게 부서져 가루가 된 흔적들이 뒤쫓아 왔다. 얼마나 우스웠던지 곤란해 하는 그를 향해 여과 없는 웃음을 웃고 말았다.

아니! 얼마나 오랫동안 아껴 두었다가 신었기에 그 모양이냐며, 장난 어린 핀잔까지 추가하자 더욱 난감해진 그가 까만 테이프를 찾는다. 다행히 고성능 전기 테이프가 항상 대기하고 있는 터라 조심스럽게 붙여 신으니 잠깐은 어떻게 견딜 만 해진 것 같다. 그가 신발을 아끼느라고 신발장에 모셔 놓은 아닌 것 같고 이제 우리가 편안한 차림이 좋아진 나이가 되어 버렸다는 방증이리라.

20년도 훨씬 넘은 일인 것 같다. 개인택시 영업을 하시던 양아버지는 항상 이문동의 구두점에서 신발을 맞추어 신곤 하셨다. 추석이었는지, 설 명절이었는지 기억이 나진 않지만, 선물로 신발을 사 드렸었다. 사랑하는 사람한테 신발을 사주면 도망간다는 말이 있는 터이지만 아버지이니 도망가실 리 만무한 일이다. 연세가 드셔서 불편하실 텐 데도 그 무거운 구두를 신고 있는 모습이 불편해보이던 차였다.

아! 예전에 연애하던 친구에게 구두를 사준 적이 있긴 하다. 그래서 그가 떠나 버렸는지 알 수 없지만.

백화점에 사소라는 어르신용 구두가 나왔다. 발이 편하고 가볍다는 광고와 함께 인기가 많았다. 꽤 비싼 신발이었지만 큰맘 먹고 장만해 드렸다. 요즘은 나도 어르신 대열에 끼어든 셈인지 즐겨 신는 신발이 되고 말았다. 신발을 보시더니 방안에서 신어보고 만져보고 하셨다. 가볍고 고급스럽게 생겼다며 좋아하셨다.

일하실 때는 다른 신발을 신으셨고, 거친 곳에 가실 때도 안 신으신 모양이다. 몇 년이 지난 후, 오늘 그 지인처럼 중요한 자리에 갈 일이 생기자 아끼고 아끼던 신발을 꺼내 신고 가셨단다. 그렇게 아끼던 신발은 그 중요한 자리에서 사달이 나고 말았다. 신발창이 부서지고 말았다. 아버지께서 노여운 음성으로 전화하셨다. 신발이 그렇게 되었다며 어디서 샀는지, 혹시 속은 것 아니냐며 산 곳을 대라 신다. 백화점이 K제화라는 말에 달려가신 모양이다. 백화점의 K제화의 점원이 어르신이 오셔서 난리가 났다며 전화가 왔다. 너희들이 신발을 이따위로 만들어서 파는 바람에 신발장에 고이고이 모셔 놓았던 신발이 이 모양이 되었다며 사기꾼이라는 둥, 속여서 불량품을 팔았다는 등의 욕설을 퍼부으신 모양이다. K제화 점원에 의하며 신발을 아끼느라 신지 않고 오래 두면 그렇게 망가져 버리는 것이 당연하다는 얘기이다. 나도 그때 처음 알았다. 이해 안 가기는 나도 매한가지이다. 아버지는 말도 안 되는 소리라며 노발대발이셨다. 누가 그럴 것이라고 상상이나 했겠는가. 아끼고 아끼던 신발을 모처럼 신고 나가 딸이 사준 거라고 자랑까지 해야 하는 상황인데 속절없이 부서져 버린 신발 창 때문에 얼마나 화가 나셨을 지 짐작이 가고도 남았다.

겨우겨우 진정시켜드리고 모시고 오는데 아버지께서 하시는 말씀 '아끼는 것 똥 된다더니 그 말이 맞는구먼' 하신다. '그러게요, 이제 무엇이든 아끼지 말고 열심히 신으시고 쓰시고 그러세요' 하며 억지 웃음을 웃었다.

아버지가 돌아가신 지도 10여 년이 다 되어 간다. 이 글을 쓰는 내 모습을 그곳에서 지켜보시는 아버지의 심경은 어떠실까?

"L 선생님! 아끼는 것 똥 된다는데 왜 그렇게 아끼셨어요?"하고 웃어 보였더니, "허 참!"하고 만다. 그날 그 구두는 테이프로 간결한 수리를 마친 채 소정의 임무를 다했다고 하니 아버지보다는 덜 아끼신 셈인가?

아마도 정장이 버거워 지기 시작한 우리 세대의 홀대를 견디지 못한 신발이 작은 반란이었을 것이다.

내가 언제 10cm의 하이힐을 신었었는지 기억이 가물가물하다. 설마 나에게도 그런 반란이 일어나지는 않겠지?, 신발장의 신발 군단을 눈여겨보아야 할 것 같다.

— 2019. 8. 31.

3부

사랑의 전도사

민나야 나가자 외 1편

박 경 화

학교 앞 서점의 소설책과 시집을 거의 다 빌려 읽었을 때 교사로 퇴직하신 서점주인 할아버지는 내게 『분홍신』이라는 예쁜 제목의 책을 선물로 주셨다. 스토리가 제목처럼 그리 예쁘지만은 않은 책이었다. 선물을 주신 게 감사해서 그분이 왜 내게 그 책을 선물로 주었는지는 생각해 본 적 없었던 것 같다. 그때는 그랬다. 그 이후에 내가 하굣길에 서점에 들르면 소설책과 시집들을 추천해주셨는데 그 책들은 빌려주는 책이 아니고 추천해주시는 책을 사겠다고 하면 얼마 후에 갖다 놓으시는 식이었다. 그렇게 소설책과 시집들을 읽었다.

부모님 영향이었는지 독서는 어린 시절부터 시작된 오랜 습관이었다. 아버지가 사다주신 동화책 몇 권을 줄줄 외울 때까지 수십 번 읽으면서 어린 시절을 보냈고, 중학교, 고등학교에 다닐 때 학교 앞 서점에서 책을 빌려다 읽고 다음 날 다른 책으로 바꿔 빌려와서 읽었다. 그때는 할아버지 선생님이 말하자면 내 독서 선생님이셨다. 독서 선생님은 공책에 내 이름을 쓰시고 그 아래 내가 빌린 책들을 다 적어 두셨다. 동생과 나이 차가 좀 있어 그랬는지 할아버지 할머니가 돌아가신 후에 외로워서 책을 많이 읽었던 것 같다. 서점에 있는 책을 다 읽은 상으로 할아버지 선생님이 주신 『분홍신』은 내 책장 맨

위 칸, 도스토옙스키 전집을 꽂고 남는 한 권 자리에 오래 꽂혀있었다. 그때는 요즘처럼 『소피의 선택』 같은 쉽게 쓴 철학 책은 없었던 것 같다. 할아버지 선생님이 내게 추천해주신 소설이 아닌 책 중에는 100세가 넘으신 지금도 글을 쓰시는 김형석 교수님의 『영원과 사랑의 대화』라는 책도 있었다. 대학 때 방학에 집에 가서는 어머니 화장대 위에 놓여 있던 『흙 속에 저 바람 속에』를 읽었다. 그때쯤 그 책이었는지 전봉준에 관한 책을 읽었던 것 같은데 잘 기억나지 않는다. 그 책을 읽으면서 점심시간이면 서관 시계탑에서 고려대 교정에 울려 퍼지던 '새야 새야 파랑새야'를 떠올렸던 생각은 난다. 어쨌든 가까이 보이는 책은 다 읽었다. 『흙 속에 저 바람 속에』는 이어령 선생이 1968년에 낸 책이다.

할아버지 선생님께 부탁드려 사서 읽었던 책 중에 『데미안』과 『바람과 함께 사라지다』, 『장 크리스토프』 등이 있었는데 로맹 롤랑이 열 권으로 낸 대하소설 『장 크리스토프』를 세권으로 나와 있는 김창석의 번역(1963 정음사)으로 읽었다. (김창석은 프루스트의 『잃어버린 시간을 찾아서』를 처음으로 번역한 분이다.) 『장 크리스토프』는 어마어마한 분량에 놀랐지만 마가렛 미첼의 『바람과 함께 사라지다』를 며칠 만에 읽었으니 곱하기 3정도 해서 한 보름이면 다 읽겠지 했는데 생각과 달리 2권의 전쟁 장면 등에서 잘 넘어가지 않았다.

『장 크리스토프』에서 크리스토프는 서로 다른 신분 때문에 첫사랑 민나와 헤어진다. 그는 음악가로서의 성장과 함께 정치적인 사건들에 휘말리기도 하고 도피생활도 한다. 그는 사회변혁의 격랑 속에서 음악가로서 성공할 때까지 여러 여자들과 연애를 한다. 파리에서 한 소동에 휘말렸다가 스위스로 도피했을 때 머물렀던 친구의 집에서 그 친구의 아내와 불륜을 저지르고 동반 자살을 시도하는 등 그 후에 오랜 고립과 고독 끝에 만난 이탈리아 여성과의 사랑까지 많은 여자들과 사랑하고 헤어진다. 그러나 세월이 흐른 후 변해버린 십대의 첫사랑 민나를 다시 만났을 때 가슴 속에 간직하고 있던 첫사랑의 기억과 달라진 그녀를 보며 크리스토프가 가만히 말한다. "민나야 나가자." 정확한 문장이 생각나지 않지만 이제 와서 그 책을 찾아 볼 생각은 없다. 다만 그 장면 때문에 며칠을 울었던 기억이 난다. 그냥 슬픈 정도가 아니라 정말 가슴이 너무 아파 가슴을 부여잡고 뒹굴면서 울었다. 그러나 내 그런 감수성으로도 나는 소설가나 시인이 되지 못했다. 딱 한 번 낸 드라마 공모에도 떨어졌다. 그래서 나는 또 걸핏하면 그때문에 운다.

평생 동안, 힘들 때 흉한 모습으로 망가지지 않으려고 어떻게든 나를 잃어버리지 않으려고 기를 쓰며 살았다. 암 선고를 받았을 때도, 암 수술을 하고 정신은 들었는데 숨이 돌아오지 않아 지옥을 들락거릴 때도 그랬다. 가장 힘들었던, 사랑하는 사람들을 잃었을 때도 그 불행들이 어떻게든 내 삶을 황폐하게 만들지 못하도록 이를 악물었다. 그건 내가 세상을 다 지나간 어느 날 내 첫사랑이 나를 만나 "민나야 나가자"하면서 열여섯 살 어린 나를 불러낼까봐 그랬는지도 모른다. 그런 독한 버팀이 정작 나를 얼마나 황폐하게 했을지는 계산에 넣지 않았다.

어쩌다 오래 전 명동의 한 레스토랑에서 먹었던 녹인 버터를 올린 아스파라가스를 떠올리며 침이 고이면 서머세트 모옴의 「런치」 마지막 장면이 떠올라 살짝 공포(?)를 느낀다. 나도 다른 건 모르지만 체중 면에서는 썩 자유롭지 않기 때문이다. 그녀의 체중이 130kg에 얼마가 더 나간다고 했던 것 같다. 주인공이 어떻게 그 밉상 여인의 체중을 알아냈는지는 기억나지 않지만 어쨌든 대학 때보다 20여 킬로가 불어난 내 체중이 거진 그 반이 되어 있어서이다. 변한 게 체중만은 아닐 터, 첫사랑이 내게 "민나야 나가자" 하면 어떡하죠?

– 2019. 10.

해무(海霧)

박 경 화

바다에서 피어오른 안개가 화산섬의 산 중턱까지 차오르고 있었다. 그 분위기는 마치 계곡을 가득 채우면서 올라간 안개가 가우디의 '가족성당' 모티프가 되었다는 '산 정상의 바위들'까지 감싸 안고 있던 스페인의 몬세랏 수도원의 느낌 같았다. 그 곳에서 나는 친구에게 수도원의 숙소에서 한 달만 지내고 싶다고 했지만 정작 수도원 성당의 검은 성모상 아래서 그런 어이없는 기도를 하진 않았던 것 같다.

서울에서 새벽에 출발하여 강릉까지 ktx로, 강릉에서 다시 세 시간 반을 여객선으로 들어온 울릉도. 버스로 아득한 산꼭대기를 향해 오르고 또 올라서 만난 라 페루즈(La peruse) 리조트가 너무 높은 곳에 있어서 해무가 우리 버스보다 늦게 올라오는지 일고여덟 동은 되어 보이는 호텔 건물이 아직은 선명하게 보였다. 너무 높은 곳에 있는 호텔은 버스를 타고 올라가는 비탈의 각도가 거의 낭떠러지 수준이었다.

오후에 유람선을 타고 간 행선지가 죽도(일본인들이 독도를 부르는 그 죽도, "다케시마"가 아님). 여기 사람들이 대나무가 많은 이곳 죽도를 대섬, 대나무섬, '댓도'라 부른다는 섬이었다. 배를 타고 들어가며 본 죽도는 제주도의 성산일출봉과 비슷했다. 찾아봤더니 성산일

촛대바위를 품고 있는 저동항이 내려다보이는 곳에 자리한 이 정자는 울릉도 출봉과 우도를 합친 것 같다고 되어있었다.

유람선에서 멀리 바다 위로 보이는, 섬과 섬 사이를 연결하는 관음교가 그림처럼 예뻐서 뱃멀미에도 불구하고 사진 몇 장을 찍었다. 죽도에 내려 선착장에서 갈매기와 싸우며 선착장 한 귀퉁이로 겨우 다 보이는 그 다리를 몇 장 더 찍고 있는데 가이드가 내일은 거길 간다고 했다. 친구와 내가 그 다리를 건너기 전에 남아서 기다리다 돌아올 때 같이 오겠다고 했더니 다리를 건너서 돌아오지 않고 계속 가는 코스란다. 내가 서해대교 위를 운전할 때도 오금이 저려서 비명을 지르는 사람인데 섬과 섬을 연결한 바다 위 다리를 건너간다고 하니 생각만 해도 속이 메슥거렸다.

결국 내 고소공포증과 폐쇄공포증 중 하나를 공유하는 친구와 나는 한 나절을 숙소에서 쉬기로 했다. 친구는 몇 시간이 비었으니 잠시 쉬고, 바다에서 솟아오른 멋진 바위산 봉우리도 보고 조경 좋은 정원의 연못으로 해서 다리 건너 헬기장이 있는 넓은 잔디운동장 있는 데까지도 가보자고 했다. 버스로 들어올 때 본 카페가 정말 커피를 마실 수 있는 카페인지도 가보기로 했다. 대답은 해놓고 금세 잠이 들었다. 밤에 죽은 듯이 잤는데도 아침나절 내내 침대에 엎어져서 자고 또 잤다. 친구가 말 걸면 대답하고 또 자고. 70에 울릉도는 역시 무리인 것 같았다.

독도를 다녀온 사람들이 멀미를 해서 오후에 호텔에서 쉬겠다는 사람들이 있다고 하며 가이드가 숙소로 '홍합밥' 도시락을 가져다주었다. 우리는 쉬는 김에 '중등 난이도'라는 오후 트레킹도 쉬기로 했다. 서너 시간을 방에서 쉬고 있는데, 울릉도 별미인 생선요리들을 하는 식당에서 저녁 식사를 한다고 택시로 나오라는 연락을 받았다.

우리는 '8인 상을 6인이 드시면 더 좋지 않겠냐?' 하고 호텔 아래로 산책을 나갔다.

숙소 아래 어젯밤 보았던 연못을 가로질러 색색의 꼬마전등불이 켜있던 다리를 건너 볼 생각이었는데 밝은 낮에 봤더니 그냥 나무판자로 이어진 그다지 안전해보이지도 않는 그런 다리였다. 연못이 끝나자 잘 다듬어진 넓은 잔디밭이 나왔다. 길은 산에 있던 나무를 그대로 살렸나 싶은 아름드리나무들이 멋있게 도열하고 있는 곳으로 이어져 있었다. 그 나무 동산 옆으로 몇 개의 탁자가 놓여 있는 곳에 카페가 있었다. 우리는 <카페>라 적힌 오두막의 열린 창으로 가서 이 한가한 곳에 카페가 영업을 하나 하고 안을 살펴보았다. 안쪽에서 나오는 깔끔한 카페여사장을 보고나서 친구가 샌드위치와 물오징어 튀김을 주문했다. 오징어 튀김이 맛있어 보여 집어먹다가 아침에 일어나면 부어오를 내 류머티즘 손가락을 펴보고는 내 몫의 샌드위치를 먹었다.

나무 탁자에 튀김과 샌드위치를 차려놓고 먹으면서 초저녁 바다풍경을 내려다보고 앉아서, 친구는 커피를 마시고 나는 덥지 않은데 얼음 넣은 과일 주스를 마셨다. 그곳에선 그게 어울릴 거 같아서였다. 바다에서 피어오른 안개가 호텔 건물들을 다 덮고 산 정상까지 올라가 현실 같지 않은 몽환적인 풍경을 만들고 있는 그 곳이 너무 좋아 나는 친구에게 거기서 한 한 달만 있다 가면 좋겠다고 했다. 친구가 아무 말 하지 않았지만 나는 이미 안개 속 몬세랏 수도원에서 촛불을 켜고 있었다. 그때와 똑 같은 말을 하고 있다는 걸 내가 아는데 친구가 몰랐을까?

그때 갑자기 노래방 반주가 천둥처럼 나오는 바람에 놀라 일어났다. 노래방이 있다고 했지만 그래도 산 아래 그 넓은 대지를 쩌렁쩌렁 울리는 스피커는 상상하지 못했었다. '노천 노래방(?)'이 열 시까지인데 시끄러우면 창을 닫으라고 하던 가이드의 조언은 밖에 앉아 이야기를 나누던 우리에게 도움이 되지 않았다.

잔디 마당 너머 언덕 아래 바다가 있어 고개를 들면 바다 위에 있는 듯해서 그곳에 좀 더 머물고 싶었지만 너무 시끄러워서 방으로 들어왔다. 바다가 자꾸 끌어당겼지만 어쩔 수 없었다. 다음 날에야 나는 이왕 있는 노래방인데 시끄럽다 하지 말고 친구에게 <일곱 송이 수선화>를 불러줄 걸 하고 후회했다. 작년 총동창회에서 떼창으로 불렀던 노사연의 <바램>까지 두 곡을 불러줄 수도 있었는데 아쉬웠다.

화산 하나가 폭발하고 그 분지에 또 하나의 작은 화산이 폭발했다는 나리분지 속으로 들어가서, 섬에 온 후로 내가 못 먹는 돼지고기 아니면 해산물이 나오는 식사 때문에 내내 부지깽이 나물만 먹다가 처음으로 다른 나물도 섞인 비빔밥을 먹었다. 성인봉 가는 길 중간쯤에서 류머티즘에 좋다고 하는 도동 약수도 마셨다. 면역억제제를 먹느라 한 주일에 하루는 초주검이 되는 내 상황에 많은 사람이 약수를 마시는 플라스틱 바가지가 걸렸지만, 평소에 넣고 다니던 텀블러를 무겁다고 빼놓고 온 걸 후회하면서 약수 한 바가지를 떠서 마시고 차가운 물에 발도 잠시 담갔다.

울릉도 여행은 거기까지였다. 다음 날 폭풍우 예보가 떠서다. 산길을 내려오면서 나는 우리가 함께 했던 스페인 여행, 프로방스 여행을 떠올렸다. 내려오는 산길도 쉽지 않아서였는지 더 이상은 우리가 그렇게 멀리 여행을 가는 일은 없을 것 같다는 확신 같은 게 들었다.

폭풍 예보가 뜨자 섬에서 발이 묶일 승객들을 위해 선사에서 다저녁에 여객선 한 대를 더 띄워준다고 해서 우리는 서둘러 이른 저녁을 먹고 배를 탔다.

위층 선실에 앉아 바다를 보며 청회색의 비단안개를 끌고 섬을 나갈 수 있으리라는 기대를 하면서 항구에 도착했지만, 다음 날 나올 예정이던 수백 명의 여행객이 몰리면서 우리를 데려간 여행사가 갈 때처럼 좀 편한 배의 위층 좌석을 확보하지 못했다고 했다. 결국 아래층 선실의 가운데 좌석에 앉은 우리는 창밖으로 바다에서 피어오르는 비단안개 '해무'를 한 번 더 볼 수 없었다. 가슴 속에 청회색의 해무를 가득 안고 비가 내리기 시작한 섬을 떠나 밤배를 타고 돌아오면서, 그제서야 나는 고향집 앞 멀리 보이던 청회색 남산 허리를 감고 뿌옇게 묻어오던 안개비를 기억해냈다. 꿈속에서 모시적삼 입은 어머니가 "화야, 비 묻어온다. 빨래 걷자~" 하시며 일어서셨다.

– 2019. 6.

무너지는 굴레 외 1편

이 숙 자

참으로 오랜만에 예봉산에 올랐다. 불과 2~3 년 전만해도 겁 없이 오르던 산, 아니 산이라 하기엔 어딘가 부족하던 산이다. 차츰 해를 거듭 할수록 오르는 근력이 떨어져 예봉산마저 버거움으로 다가왔고 담력이 점점 약해지는 자신을 느끼게 된다. 허둥지둥 오르기에 급급한 등산은 다만 오르기 위한 운동으로 그치고 만다. 돋아나는 연두빛 새싹들은 건조한 희망의 속살을 살려내는 활력소가 되기도 하고 철 따라 바뀌는 산은 언제나 생명력이 넘친다. 산을 오르는 본래의 취지를 살리지 못하는 아쉬움이 밀려오는 것은, 계절은 언제나 변함없이 아름답고 풍성한 선물을 준비하지만 받아낼 그릇이 온전하지 못하여 여기저기 삐걱이는 소음이 들려와 욕심을 담아서는 곧 부서지고 말 것 같은 우려가 앞선다.

산 정상 구 부 능선까지 올랐을 때 G가 배낭을 내리며 여기서 점심을 해결하자고 한다. 정상에는 강우량 탱크 공사 중이므로 앉을 자리가 마땅치 않으니 이곳에 모두 앉기를 권한다. 배낭에서 주섬주섬 내어놓는 음식이 자그마치 사 첩 반상은 족히 되었다. 4명이 점심을 해결하기에 충분한 양이었다. 10여 년 동안 점심을 싸가지고 다녔으나 무게를 감당하기 어렵고 번거로움을 피하기 위해 간식으로 대체 하고 하산하는 대로 식당에서 해결하는 간편한 방법을 택하고 있다. 첫째 몸이 감당할 무게를 줄여보자는 의도였고 둘째는 아침 번거로운 시간에 도시락 싸는 시간을 벌어보자는 생각에서였다. 앞장서 올라가는 그녀의 걸음이 너무도 사뿐해 배낭 속의 짐이 그렇게 많은 양이 들어 있는 줄은 미쳐 가늠하지 못했다. 네 명이 배불리 먹고도 음식이 남을 정도였으니 그 무게가 얼마였을까?

그녀는 전형적인 맏며느리이다. 병환 중인 시 아버지가 계셨고 밑으로 4남매를 거느린 시댁은 경상도 첩첩 산골이어서 유가 사상을 늦게까지 지켜낸 집안이라 했다. 시 할아버지와 아버지가 어렸을 때 정혼해 둔 약속에 따라 자기 의사와는 무관하게 한번의 저항도 해보지 못한 채 결혼을 했다. 시아버지는 지병으로 일찍 타계 하셨고 홀시어머니를 모시며 시동생 4남매 모두 성혼시켜 분가를 하였다. 10여년을 고시 촌 뒷바라지를 한 시동생은 중앙 부서에서 중임을 맡고 있는 베테랑 공무원으로 키워 냈다. 그런 와중에 삼 남매를 낳아 길으려니 몸이 온전할 리가 있었겠나! 늘 허리와 어깨통증을 호소하면서도 넉넉한 심성이 오늘 또 몸을 혹사시킨 것이다. 그녀는 그 가정의 버팀 목이다. 말 보다는 행동이 우선인 그녀는 남편의 월급으로는 가계를 꾸려가기 어려워 대가족의 집안 살림을 감당하며 조리 원 주방장으로 알바를 하기도 했다. 몸이 열 개라도 모자랄 지경임에도 홀시어머니의 괴짜스런 시집살이는 도를 넘어 가끔 삶을 포기할까(?) 생각한 적이 한 두 번이 아니었다고 한다. 시어머니로 인하여 얻은 화병으로 가끔 가슴이 부르르 떨리면 그때마다 먹어야 하는 상비약으로 버텨 낸다. 바람에 나부끼는 나뭇잎을 보며 말한다. 저 나뭇잎이 내 가슴속을 들여다 본 듯이 떨고 있다고…….

오랜 세월 우리사회를 지배해온 유교의 규범 속에서 가정이란 울타리는 아녀자를 옭아매는 사슬이었다. 특히 맏며느리 자리는 장자의 중책을 보좌 하는 역할로 바늘에 꿴 실과 같아서 앞서 가는 바늘의 뒤를 싫든 좋든 따라야 하는 수동적인 역할이지만 때로는 능동적으로 대처하지 않으면 뭇 매를 혼자 감당해야 하는 자리이기도 하다. 철저히 자신의 삶을 유린당하면서도 이의를 제기 하면 불효요 가정파괴범 쯤으로 낙인찍히기 십상이니 모든 것을 숙명으로 받아 들여야만 했다. 장남에게 대부분의 재산과 진권을 부여하고 동시에 막중한 의무를 지워 보이지 않는 사슬이 순위의 이탈을 막아냈다.

엄마는 긴- 장죽(長竹)을 친구 삼아 항상 곁에 두고 사셨다. 가슴이 답답하거나 말 못할 사연을 혼자 삼켜야 할 때 언제나 장죽을 물고 하늘을 향해 사라지는 연기와 함께 긴 숨을 토 하신다. 일년에 몇 번씩 속 알이(위경련)를 일으켜 그때마다 화로 불에서 탕약이 끈이지 않았다. 위장병은 신경과 직결 되어있기 때문이다. 가난한 집 맏며느리의 신경은 늘 상 긴장을 놓기 어려웠다. 크고 작은 대소사며, 집 밖의 여자들 치마 자락이 예뻐만 보이는 아버지의 본능을 억제시키느라 남다른 신경 소모를 가져왔다. 보다 못한 할아버지가 담배를 피워 볼 것을 권유해서 쓴 담배를 억지로 배웠다고 한다. 집안의 주춧돌인 맏며느리가 가슴에 모닥불을 태우고 있으니 연기를 밖으로 빼내어야 소통이 이루어 질 것이란 생각에서였을 것이다. 본인의 의사와는 상관 없이 주어진 여건 속에서 자신을 온전히 파괴시키며 봉사 아닌 봉사로 일관한 소모성 자원에 불과한 삶을 살아야 했다.

요즘 세대의 변화를 보면서 유림 의 규범이 빙하가 무너지듯 사라지는구나. 장구한 세월 맏며느리를 옭아매었던 굴레가 서서히 풀리는

구나! 생각하니 다행스러움과 서운함이 교차하는 복잡한 심경을 숨길 수 없다. 친족들이 모여 오손도순 우애와 도타운 정을 나눌 기회와 장소를 찾을 수 없기에 그렇다. 간소해진 제례와 혼례가 그것이다. 문명의 이기는 여성들에게 여가라는 시간적 공간을 제공해 주었다. 잠재해 있던 욕구와 성취의 열망이 여성들을 외향적으로 키워간다. 보고 싶고 누리고 싶던 일, 또는 굶주렸던 배움의 열망, 억눌린 삶에서 찾지 못했던 꿈과 욕망을 늦게나마 펼쳐보려는 기회를 찾아 적극적으로 여가를 운영하고 있다.

휴대폰이 요란하게 울린다. "엄마 고마워요." "무엇이?" "그냥 고마워요. 늘 건강 하셔서." 지난주에 다녀간 둘째 딸 아이의 전화다. "엄마 용돈 계좌에 넣었어요. 많은 액수는 아니지만 긴히 쓰세요." 년말이 다가오니 미리 인사차 온 전화다. "소멸성 보험인 줄 알았는데 보증보험이었네!" "엄마 나야 틀림없는 보장성 보험이지." "어떻게 써야 잘 썼다고 할까? 새 학기 등록금 할까?" 아마 이맘때면 그녀도 많은 보험금을 받으리라. 훌륭한 자녀들을 셋이나 두었으니까. 이번 산행엔 딸아이가 보내주는 보험금으로 점심이라도 사야겠다.

– 2019. 12. 20.

사랑의 전도사

이 숙 자

그곳에 도착한 시각은 해넘이 무렵이었다. 서산을 넘는 해는 내일을 기약하건만 영원을 넘는 사랑이는 기약도 없는 잠에 들었다. 이웃을 사랑 하고 사랑 받기를 좋아하는 그 아이 성품이 이곳에까지 소문이 돌았나 보다. 잠자리에 들려던 매미들이 모두 모여 환영하는 합창소리는 동네 어귀까지 울려 퍼져 산허리에서 큰일을 치르고 있음을 알렸다. 다양한 종류의 잠자리 떼들도 빠짐없이 모여들어 기량껏 춤사위를 펼쳤다. 스님들의 바라춤을 그들이 대신하는 것 같았다. 달빛 없는 그믐밤이라 야외 등을 달고 마지막 봉분 손질을 하려니 모기떼들도 한몫 거들겠다고 사방에서 몰려온다. 왜? 끝까지 지켜주지 못했냐는 힐책이라도 하는 양 유독 나에게만 독침을 쏘는 듯 했다. 피골이 상접한 몰골로 떠났던 고양이도 돌아와 문상을 했다. 산책을 할 때 하룻강아지 들이 시비를 걸어오면 점잖게 옆으로 피해주는 너그러운 성품의 아이이다. 사람 세상의 나이로 치면 14세에 불과하지만 그들의 세상에선 산전수전 다 겪은 어른이다. 온 가족의 눈물어린 애도 속에 치른 장례식은 성인에 준한 절차를 따랐다. 양지바르고 마을이 훤히 내려다보이는 명당으로 보이는 곳으로 영원한 안식처를 마련했다.

7월 29일 어둠이 내려 앉아 용광로 같이 달궈진 대지를 서서히 식혀가고 있을 무렵, 아들의 저녁상을 차려준 후 식탁 밑에서 곤히 잠들어 있던 사랑이를 데리고 산책을 나섰다. 150미터쯤 가다가 용변을 보고 난 후 도로 가에 돋아난 풀잎들의 향내를 허기 진듯 들여마시며 여유로운 산책을 즐기려 한다. 서늘한 밤에 운동을 시켜 날로 불어나는 체중을 줄여주려던 내 마음과 사랑이의 생각은 일치하지 않았다. 자꾸 시간은 가고 마음이 조급해 오는데 건널목 신호등이 파랗게 바뀌었다. 사랑이의 생각을 무시한 채 목줄을 당겨 건널목을 건너갔다. 줄을 끌면 따라 오겠거니 하는 안일한 생각으로 뛰어가는 도중 무엇이 줄을 세차게 낚아챘다. 자동적으로 목을 홱 돌렸다. 시야를 캄캄하게 막아선 것은 집채만한 버스였다. 맙소사! 사랑이는? 제발! 제발! 제발! 무사해다오. 사랑이를 구해주소서……. 여지껏 찾아본적이 없는 신의 손을 애타게 갈구하며 버스의 바퀴를 들여다보았다. 아뿔싸! 이미 아이가 바퀴에 밀리고 있었다. "안 돼~~!!! 안 돼~~!!!" 굉음 같은 절규는 네거리 밤하늘을 가르고, 품에 안은 사랑이는 신음 소리 한번 내보지 못한 채 동공에 내 얼굴을 각인이라도 시키려는 듯 고정된 렌즈만 가로등 불빛에 반짝이고 있었다.

온 가족이 모여 아이 옆에서 마지막 밤을 보냈다. 강릉에서 KTX를 타고 밤 2시에 작별의 인사라도 하겠다고 딸과 손녀딸이 올라왔다. 엄밀히 말하면 손녀딸의 동생으로 입양이 된 아이이다. 아들 딸들이 직장에 휴가를 신청하고 아침부터 분주히 서둘렀으나 화장장 예약이 어렵고 매장 장소가 멀리 떨어져 있어 절차가 늦어졌다. 우리 집에는 어린 아이가 없으니 가족 모두에게 그 아이는 사랑의 전도사였다. 사랑을 나누느라 분주 했고 또 가족들이 주는 사랑을 받기에도 늘 바빴다.

사랑이의 장례 다음날 새벽부터 굵은 빗 방울은 온종일 그칠 줄 몰랐다. 억울한 죽음을 호소하는 사랑이의 눈물인지, 지켜주지 못한 회한의 눈물을 대신함인지 줄기차게 쏟아지는 하늘의 눈물은, 7월의 작살 같은 햇볕아래 말라가던 풀잎과 대지를 흥건하게 적셔 주어 화덕 불을 쬐는 듯 했던 더위를 한풀 식히고 있었다. 소중한 휴가를 집에서 보내고 있던 가족 모두는 누구도 입을 열려고 하지 않았다. 각자 사랑이 와 소중 했던 추억을 사색 중인지, 아무도 찾지 않는 깊은 산중 절간 같은 적막만이 방안 공기를 짓누르고 있었다. 마치 이 집에 사랑이 혼자 살았던 것처럼……

새벽에 일어나서 잠자리에 들기까지 외출을 제외한 하루의 일과는 사랑이를 떼어놓고는 생각할 수 없는 시간들이었다. 산책을 가려고 모자를 쓰면 발등을 물어뜯어 동행할 것을 요구한다. 할아버지가 부는 하모니카 음률에 맞춰 빠르고 경쾌하게 느리고 구성지게 여리고 애잔하게 감정을 넣어 노래도 곧잘 부르는 영리한 귀염둥이다. 누가 그 아이를 개라고 말할 것인가! 사람과 언어로 주고받는 대화는 할 수 없으나 몸으로 표정으로 교감을 나누는 일에는 부족함이 없다. 현관 천정의 센서는 사랑이의 털끝만 움직여도 잽싸게 인지하고 불을 켠다. 사람보다 10배는 빠르게 교감한다. 다만 좋은 일이 있을 때에 웃지 못하는 아쉬움과 슬플 때 눈물이 없는 것은 그들에게 주어진 한계인가 싶어 서글프다.

천명을 다하지 못하고 비명횡사를 하였으니 혼이라도 달래줄 방편을 생각 한 끝에 천도제를 올려주기로 마음을 정하였다. 억울한 마음과 이승에서의 미련을 털고 하루라도 빨리 저승을 향해 가야만 새로운 세상이 열릴 것이란 생각에서다. 가까운 용문사를 찾았다. 다행이 우란 분절이 진행 중이다. 7재중 3재가 남아있었다. 접수를 하고, 길을 밝혀 줄 촛불에 이름을 사랑이라 쓰면서 발원문을 어떻게 써야 할지 몰라 망설이는데 "반려 견이죠?, 극락왕생이라 쓰세요." 초를 파는 보살이 생긋이 웃으며 귀띔을 한다.

창문을 열면 그 아이 마지막 순간의 현장이 목격되니 견딜 수가 없다. 잠자리에 들어서도 깨어 있을 때도 그 아이의 숨소리가 귓전을 맴도는 듯해 며칠이고 뜬눈으로 지새우니 딸아이가 정신과 진료 예약을 해놓았다. 상담 의사는 매우 차분하고 정갈한 인상의 여의사였다. 공허하고 안정을 찾지 못하는 마음을 어느 정도 잠재워 줄 것만 같은 신뢰감이 들었다. 여차여차한 자초지종을 넉 두리처럼 늘어놓는 사연을 조용히 듣고 있다. "잠이 덜 깬 아이를 끌고 나가 생각 없이 무리하게 건널목을 건너려던 나의 실수와 안전 수칙의 기본인 신호등을 무시한 운전기사의 무지가 한 생명을 앗아갔고 생명을 대물로 취급하는 보험 회사에만 뒷일을 맡기고 죄송하다는 의례적인 인사말 한마디 없는 운전기사의 비도덕성이 마음을 흥분시키고 눈물샘을 자극하면 조절이 쉽지 않다."고 했다. 여의사는 조용히 입을 연다. "그래요 할머니는 자책의 고리를 끊으세요. 더위를 피해 밤길을 나섰던 것은 그 아이의 건강을 위해서가 아니었나요? 밤길 운전에 좀더 신경을 썼어야 했는데, 신호등을 무시한 것은 전적으로 버스기사의 잘못입니다." 조근조근 말하는 의사의 설명을 듣고 나니 다소 마음에 위안이 오는 것 같았다.

간밤엔 이모 꿈에 네가 현몽을 하였다는구나. 부자 집 대청 마루 한 켠에 화려한 침대가 놓여졌고 잠자는 너의 모습을 그윽이 바라보는 노부부의 모습이 아주 인자해보였다는구나. 이곳에서 못다 누린 생을 보상받아 마땅하리라 믿는다. 이제 미련 없이 너와의 소중 했던 추억을 단절하고 눈물의 고리를 끊어주마. 버스나 택시와 같은 흉기 없는 꽃밭에서 마음껏 뛰어놀렴. 부디 거추장스런 목줄이 필요 없는 인간으로 다시 태어나렴. 7월 29일을 잊지 않으마. 네가 좋아하던 닭 가슴살과 소고기도 마련하마. 그날 만은 꼭 한번 다녀가렴.

하늘을 쳐다봅니다 외 1편

임 성 규

"물 한 모금 입에 물고 / 하늘 한번 쳐다보고 / 또 한 모금 입에 물고 / 구름 한번 쳐다보고"

어릴 때 읽었던 강소천의 「닭」이란 동시이다. 뜰 안에 노는 병아리들을 보며 어떻게 이렇게도 잘 그려냈는가 하고 어린 마음에도 감탄을 했었다.

병아리들을 보면 그 동시가 생각나고 그리고 정말 힘들고 어려웠을 때의 기억이 떠오른다. 그때 정말 못 견딜 것 같았는데 그 어려움을 "하늘을 쳐다보며 물 한 모금 마셔가며" 이겨왔기에 지금 그 기억을 떠올리면 입가에 웃음이 머금어진다.

1990년 초, 20년 이상 다니던 직장(한국은행 은행감독원)을 그만두고 감정평가사 사무실을 냈다. 크게 준비 없이 자신감만 가지고 전직을 했는데 정말 말이 아니게 어려웠다. 일감이 없다. 일감이 없으니 수주를 위해 이곳저곳을 찾아다니다 결국은 그나마 자신이 있는 금융기관의 담보평가 업무를 타깃으로 했다.

그리고 은행들을 찾아다녔다. 전직에서 거들먹(?)거리며 검사를 다니며 은행원들의 잘못을 찾아내어 문책을 하고 다녔던 그곳을 이제

업무를 수주하러 다녀야 했다.

그땐 나에게 그렇게도 친절하고 상냥했던 은행원들이었는데, 이젠 잘 만나 주지도 않는다. 기왕에 거래하는 감정평가 기관이 여럿 있는데 만나면 추가해서 또 일을 달라니, 그렇게 하는 것도 이해는 할 수 있을 것 같았다.

처음 업계의 실정도 모르고 잘 아는 은행 지점장들을 바로 만났다. 잔뜩 반갑게 맞이했다가 명함을 내밀면 금세 표정이 변한다. "왜 그 좋은 곳을 그만누고 이렇게 고생을 하십니까? 지금 거래하는 감정평가사도 여럿 있고 그 일은 창구 담당자들과 대리 차장들이 하는 일이라 제가 어떻게 할 수가……." 제대로 말을 부쳐보지도 못하고 돌아서는 귓가에 들릴 듯 말 듯 "저 양반 사고치고 감독원 그만둔 것 아닌가"하는 중얼거림도 들린다.

눈물이 핑 돌았다. 그대로 있으면 눈물이 쏟아질 것 같아 밖으로 뛰어나와 하늘을 쳐다보며 눈물이 들어가라고 눈을 껌뻑거렸다. 여기서 무너지면 안 된다 마음 다 잡고 다시 은행들을 찾아다녔다.

이제는 작전을 바꾸어 창구 담당자들부터 설득을 시작했다. 설득되어야만 대리, 차장 등 책임자를 만났고 대리, 차장의 양해를 받은 후에야 지점장을 만났다. 하루에도 몇 번씩 하늘을 쳐다봐가며 그리했고 그래서 나름대로의 성과도 있었다.

S 은행 한 지점을 타깃으로 하고 아침부터 담당 창구 직원을 찾았다. 명함을 주니 언뜻 보고 그냥 책상 위에 놓아버린다. 그리고 일이 바쁘다며 눈길조차 주지 않는다. 그 직원 일이 마무리되면 말을 부쳐보겠다고 한 시간 이상을 그 직원 앞에 앉아 기다렸다. 점심시간이

되었다. 그 직원 일어나더니 실내화를 벗고 구두를 신는다. 마침 구둣주걱이 없는지 책상 위에 놓아둔 내 명함으로 구두를 신는다. '찍'하고 내 명함이 찢어진다. 내 자존심과 내 몸이 그냥 찢어지는 거 같아 견딜 수가 없었다.

"그 사람 좋은 직장 그만두고 나가더니 그 친구도 별수가 없네." 이 말만은 듣지 않으려고 어떠한 수모도 박대도 참아가며 감정평가사로 성공하려 했는데……, 아무리 그래도 이것만은 참을 수가 없었다.

밖으로 뛰어나와 하늘을 보았는데, 아무리 하늘을 보고 눈을 껌뻑거려도 그날은 정말 눈물이 멈춰지지 않는다. '그냥 실컷 울어나 보자'하고 소주 한 병들고 한강 고수부지로 갔다. 강가에 낚시꾼들이 여러 대의 낚싯대를 펼쳐놓고 강물만 바라보고 있다. 그러다 번쩍 낚싯대를 들어 올리며 하늘을 본다. 하늘에서 붕어가 펄떡거린다.

풀썩 웃음이 났다. 나는 눈물을 참으려고 하늘을 보는데 그 사람들은 하늘을 보니 붕어가 잡히는구나……. 그래 나도 계속 하늘을 보자 "하늘을 보는 것이 눈물을 참으려는 것만 아니고 낚시꾼들이 하늘을 보며 붕어를 잡듯 희망을 보려고 그러는 것 일수도 있다"고 생각을 하니 마음을 다시 다져먹을 수가 있었다.

명함을 다시 만들었다 이번에는 찢어지지 않도록 비닐로 된 명함을 마련했다. 그 명함을 은행을 찾아다니며 돌렸다.

"너는 비닐로 만들어졌으니 받는 사람들이 구두를 신어도 찢어지지 않겠지 그래, 나도 절대 무너지지 않는다." "나도 하늘을 더 자주 보겠다. 그러면 눈물만 참아지는 것이 아니고 희망도 찾아지는 것이다"라고 확신하면서 또다시 각오를 다졌었다.

병아리가 물 한 모금 먹고 하늘을 쳐다보는 것은 하늘을 좋아해서가 아니라 스스로 물을 삼킬 수 있는 힘이 없기에 물이 저절로 넘어가라고 그러는 것이라 한다.

이제 와 생각해보니 그때 내가 자주 하늘을 쳐다보며 눈을 껌뻑거린 것은 눈물을 참으려고 했던 것만도 아니고 희망을 찾으려고 그리했던 것만도 아니고 "하늘에 계신 하느님께 살려달라고 기도를 드린 것" 같다고 생각이 든다.

오늘 "물 한 모금 입에 물고 / 하늘 한번 쳐다보고 / 또 한 모금 입에 물고 / 하늘 한번 쳐다보고" 하느님께 감사하며 기도를 드려본다.

이렇게 푸른 하늘을 웃으면서 감사하며 쳐다볼 수 있는 은총을 내게 주신 하느님께 또 한 번 더 감사를 드리면서…….

역마살

임 성 규

한곳에 붙어있지 못하고 분주하게 떠돌아다니는 사람에게 '역마살'이 끼었다고 한다. 역마살이란 '역마'와 '살'이 결합된 말이다. 옛 조정에서는 중앙과 지방 사이에 공문서를 전달하거나 물자를 운반하기 위해 역참이라는 관청을 설치 운영했고 역참에서는 말을 길러 교통수단으로 사용했는데 이 말을 역마라 불렀다.

역마는 역참에서 역참으로 고단한 행진을 계속한다. 이런 행진을 계속하면서 떠도는 것이 역마의 신세다. 고달프고 처량한 신세가 아닐 수 없다. 이 역마에 '살'이라는 좋지 않은 한자를 붙여 역마살이란 말이 생겨났다 한다.

1980년부터 한국은행 은행감독원에서 은행검사역으로 10년 정도 근무를 했다. 전국에 있는 은행 점포를 찾아다니며 검사를 하는 것이 은행검사역의 일이다. 새벽같이 은행이 정문을 열기도 전에 은행 후문으로 들어가서 지점장에게 검사명령서를 제시하고 은행 금고의 문을 열어 현금 현물 등의 시재를 확인한다. 그리고 곧 임시검사장을 마련하고 각종 장표 서류들을 제출받아 검사를 시작한다. 현장에서 대기하면서 검사를 받는 대상은 차장, 대리 등 업무 담당 책임자이고 필요할 경우 담당 창구 직원을 부르기도 한다. 검사 결과 위법, 위규 등 잘못된 업무처리가 발견되면 관련자는 주의 경고 또는 문책 처분을 한다. 언뜻 보면 금융질서 확립에 기여하는 대단한 일을 하는 사람들이기도 하다.

그러나 그들의 업무는 고달픈 것이었다. 전국 각지를 돌며 검사업무를 한다. 한 곳에 오래 머무르지도 못한다. 여러 곳을 다녀야 한다. 일 년의 대부분을 타관에서 숙식을 한다. 집에서 숙식을 하는 날보다 여관에서 지내는 날이 훨씬 많다. 그것뿐 아니다. 은행검사역 업무는 전문성이 강하다 하여 이 업무를 한번 맡으면 직장생활의 대부분을 은행검사역으로 보내야 한다.

그래서 그들은 스스로 자신들을 역마살이 낀 사람들이라고 자조하기도 한다. 대부분 역마살을 운명으로 받아들이고 검사업무를 천직이라 여기고 직장생활을 한다.

은행검사역 업무가 적성에 맞지 않고 승진도 늦고 무엇보다도 여기저기 떠돌아다니는 것이 싫었다. 그래서 전직을 했다 힘들게 정말 힘들게 마흔이 넘은 나이에 감정평가사가 되어 개업을 했다.

막상 업무를 시작했지만 이것도 편치 못했다. 일감이 생각보다 없었다. 일감이 없으니 이곳저곳 일감이 있을만한 곳을 찾아다니며 일감을 수주해야했다. 이것저것 가릴 것이 없었다. 그냥 있다가는 여기서도 퇴출될 것 같았다. 당장 살아남자면 일감을 확보해야했다. 아무리 찾아봐도 내가 경쟁력이 있는 것은 금융기관뿐이었다. 할 수 없이 금융기관 담보평가 업무에 주력하기로 했다. 또다시 은행 점포의 방문이 시작되었다. 먼저 은행 점포를 찾아가서 감정평가 업무계약을 해야 했다. 어렵게 계약이 되더라도 은행에는 기존에 거래하고 있는 감정평가 기관이 여럿 있으니 계약만 된다고 일이 오는 것도 아니다. 방법은 하나뿐 계속 은행점포들을 찾아가서 새로운 감정평가업무계약을 체결하고 체결된 점포는 일감이 계속 올 수 있도록 자신을 계속 홍보하는 수밖에 없었다. 하루에도 여러 곳의 은행 점포를 방문했다.

그런데 상황이 말이 아니다. 은행을 찾아가도 지점장은 물론 담당 책임자를 만나는 것도 쉽지 않았다. 기존에 거래하는 감정평가사가 여럿 있는데 새로 개업한 감정평가사들이 자꾸 찾아오니 은행에서는 찾아오는 감정평가사들을 아예 잡상인 수준으로 대한다. 창구 담당 직원에서부터 말도 제대로 부치지도 못하고 퇴박을 당하니 대책이 서지 않았다.

상황이 완전히 역전된 것이다. 전직에서는 은행 후문으로 들어가서 검사업무를 하고 당당하게 후문으로 퇴근을 했는데 이젠 정문이 아니면 들어갈 수도 나올 수도 없다. 전에는 지점장으로부터 먼저 인사를 받고 담당책임자를 마음대로 상대하며 검사업무를 했는데 이젠 담당 창구 직원의 허락이나 양해 없이는 지점장은 물론 담당 책임자도 만나기가 어려웠다. 전직에서는 내가 그들로부터 부탁과 호소를 받으며 일했는데 이젠 반대로 내가 그들에게 부탁과 호소를 할 수밖에 없는 상황이 되었다.

처음으로 후회를 했다.

나는 역마살을 그것도 은행 역마살을 타고난 것이 틀림없는 것 같은데 그것을 운명으로 받아들이지 않고 벗어나려 했으니 벌을 받는 것 같았다.

은행 역마살을 운명으로 받아들이고 순응하기로 했다. 전직에서의 자부심도 현재의 자존심도 염치도 부끄러움도 다 버리기로 했다.

홍보물과 판촉물을 대량으로 제작했다. 지연, 학연, 전직의 인연들을 총동원하여 먼저 말을 붙일 수 있는 은행 점포들을 선정했다. 아침부터 은행문이 열리기를 기다려 문이 열리면 바로 담당자와 접촉을 했다. 담당자가 무엇이라 하든 간에 박대를 하든 말든 무조건 웃으면서 친절하게 적극적으로 홍보를 했다. 만나는 순서도 지켰다. 먼저 창구 담당 직원과 어떻게든 소통을 하고 담당 직원의 승락을 받은 후에만 책임자를 만났고 책임자가 설득되어야만 지점장을 만났다. 지점 결재라인 전체와 소통이 되어야만 업무가 원활히 되기 때문에 그럴 수밖에 없었다. 지점장을 모르면 감정평가 업무계약이 되지를 않고 업무계약이 되더라도 담당자나 담당 책임자의 협조 없이는 그 점포의 감정평가 업무를 계속 수주할 수 없었기에 그리할 수밖에 없었다.

그러다 보니 한 점포에서 하루 종일 기다리면서 보낸 날도 있고 한 점포를 5~6차례 이상 방문하기도 했다.

역마살을 운명으로 받아들였다. 나는 은행 역마살이 낀 사람이다. 은행 역마살은 무조건 은행을 찾아다녀야 풀린다고 생각했다. 미친 듯이 은행 점포들을 찾아다녔다. 그것만이 내가 살 수 있는 길이라고 다짐하며 다녔다.

그 당시 서울과 가까운 수도권 내 있는 은행 점포 중 내가 두 번 이상 안 가본 곳은 없는 것 같았다.

역마살! 그것은 한 곳에 정착을 하지 못하고 여기저기 떠돌아다니는 고달픈 팔자라고 기피하고 나쁘다고 생각되어왔다. 역마살이 끼었다 생각되면 운명으로 받아들이고 거스르지 않아야 된다고 인식되어 온 것 같다.

그러나 바꾸어 생각해보면 역마살 그것은 아무 문제가 될 것 없다.

굳이 역마살이라는 것을 믿고 따를 필요도 없겠지만 선뜻 그것을 믿고 따른다 해도 마음먹기에 달린 것이 아닌가 싶다.

역마살이 낀 사람이 더 역동적이고 활발하고 적극적일 수가 있으니 그런 특성을 잘 살리면 오히려 더 만족스러운 삶을 살 수도 있는 것이다.

해운, 항공, 무역, 조선, 건설 등 이런 직업은 오히려 역마살이 낀 사람이 더 적합할 수 있다.

김동리의 단편소설 「역마」를 다시 읽으면서 이런 엉뚱한 생각을 해본다.

김동리 작가가 지금까지 살아있어 역마란 소설을 다시 쓴다면 "자신의 역마살을 운명으로 받아들이며 옛 엿판을 매고 육자배기 가락을 부르면서 유랑의 길을 떠나는 주인공의 모습을 소설의 마지막 피날레로 할 수는 없을지도 모른다고……."

이 가을엔! 외 1편

김 순 자 (자경)

들꽃의 향기를 느끼며 자연의 섭리에 순응하고 싶어 중랑천을 거닌다. 그간 무심히 스쳐 지나쳐왔던 들꽃에 매력을 느껴 발걸음을 멈췄다.

산을 보고 또 보며 청명한 가을 하늘을 바라본다. 늦여름에서 초가을 사이의 파란 하늘에는 흰 구름이 뭉게뭉게 떠있다. 마치 비누거품을 풀어 놓은 것처럼 둥실둥실 떠있는 구름을 만져보고 싶다.

졸졸졸 쉼 없이 흐르는 중랑천의 물소리가 나의 마음을 붙들었다. 재빠르게 몸놀림 하며 '나 잡아보아라'고 하듯 매끄럽게 헤엄쳐 나가는 메기들을 따라 걷다보니 어느새 나의 발걸음은 도봉산 기슭에 위치한 섬진상 메기당 집으로 향하고 있었다. 발걸음은 어느새 식당 문 앞에 이르렀다.

언제나 그렇듯 등산객들이 식당 여기저기에 자리 잡고 앉아서 행복한 웃음의 꽃들을 피우며 왁자지껄했다. 이곳에 오면 사람냄새를 맡게 된다. 한 번 가버리면 두 번 다시 오지 않는 소중한 시간들 속에서 나는 왜 저 사람들처럼 마음껏 웃고 떠들며 신나게 즐기고 살지 않았을까? 어린 시절부터 행동 가짐을 정숙히 하고 말은 아끼고 바르게 해야 한다는 유교적 교육 때문일 거다. 마음껏 소리치며 신나게 웃고 떠드는 사람들을 바라보면서 내 스스로를 돌아보는 시간을 갖는다. 주문한 메기탕이 나왔다. 왕성한 식욕 탓에 맛있게 먹고 돌아서면서 '아무리 가을이 천고마비의 계절이라지만 내 몸이 더 이상 살이 쪄서는 안 되는데!'하며 후회를 한다. 그러면서도 '또 무엇을 먹을까. 무엇을 마실까' 전전 긍긍하고 있으니 어쩔 수 없나보다. 차라리 '어떤 책을 읽을까, 어떤 장르의 글을 써볼까'하는 고민을 할 때인 듯싶다.

어린 시절에 즐겨 읽었던 루시모드 몽고메리의 작품인 『빨간머리 앤』과 루이자 메이올컷 작 『작은아씨들』의 내용전개가 머리에서 펼쳐진다. 이 책들은 늦깎이로 문인의 길을 가는 내게 시작이 반이라는 마음으로 임할 것을 주문하는 듯싶다. 『빨간머리 앤』은 한 고아 소녀가 독신인 남매 애슈와 마릴라에게 입양되면서 겪는 이야기를 담고 있다. 몽상가이며 수다쟁이기도 한 고아 소녀가 지성과 감성을 골고루 겸비한 훌륭한 인품의 인격체로 바르게 성장해 나가는 모습을 잘 그려냈다

몽고메리는 자신이 경험했던 어린 시절의 일화들을 『빨간머리 앤』의 스토리에 잘 녹여 담았다고 한다. 앤이 상상의 나래를 마음껏 펼치며 당당하게 살아가는 모습에 박수갈채를 보내며 나의 어린 시절도 매치시켜 본다. 오빠 언니가 많다보니 늘 그들의 보호막 아래에서 살아왔다. 이 나이가 되어서도 언제나 옆에 있는 누군가에게 의지하며 살고 있다. 그래서인지 유별나게 빨간머리 앤에 관심을 갖게 되었고 고아이면서도 당당하게 살아가는 앤의 모습이 늘 흠모의 대상이 됐다.

또, 『작은아씨들』을 통해선 네 자매의 오순도순 성장해 가는 모습

이 매우 인상적으로 다가왔다. 나 역시 많은 자매들 속에서 성장 해왔기에 작은아씨들의 언행에 호기심을 가지고 보았다. 우리 자매들의 경우도 각자의 개성들이 강하고 성격들이 제각각 이다. 그렇지만 부모님은 한결 같은 사랑을 베푸시며 열 손가락을 깨물면 안 아픈 손가락이 없다는 말씀으로 우리를 차별 없이 키우셨다. 특히, 어머니는 육체는 쇠약하셨지만 정신세계가 바다같이 넓고 하늘같이 높았다고 우리들은 추억한다.

가만히 눈을 감고 사색에 잠겨본다. 나와 오빠들의 관계가 각별하게 돈독하다고 친구들은 말한다. 그 시절 아들 딸 차별 없이 자랐기에 우리는 권위의식 같은 것을 갖지 않고 무조건 서로를 의지하고 사랑하면서 살아왔다. 그동안 늙는다는 것이 무엇인지 잘 몰랐다. 근래, 언니 오빠들 네 분이 요양 병원에 입원하셨기에 새삼 우리의 나이들을 인식하게 된다. 그래서 이번 가을엔 생각과 현실, 이성과 감성의 괴리 속에서 이율배반적 행동을 하지 말자고 다져본다. 잠 못드는 밤이 찾아오면 머리 속에 기억으로 남지 않는다 해도 뚜렷한 정신세계를 유지시키기 위해 마음의 안식을 주는 책들을 읽고자 한다. 홀로 피어나 우리에게 웃음을 주는 들꽃처럼 그윽한 향기를 풍기며 이 가을을 만끽하기 위해서……!

—

2019. 9. 26

채울 수는 없다

김 순 자 (자 경)

누구에게나 그리움이 있지만 나이 들어가면서 그 자리가 자꾸 커져가는 것 같다. 서울 한복판에서 커다란 굉음을 내며 강남구 서초동 최고의 명품 백화점이 무너졌던 그날이 문뜩 떠오른다. 1995년 6월 29일은 삼풍백화점 붕괴로 사망자 501명, 부상자 937명, 실종 6명을 냈던 날이다. 그날 난 안절부절하며 전화에 매달려 있었다. 함께 근무했던 K선생이 삼풍아파트에 살면서 자주 가던 백화점인데 그날따라 전화가 안 되어 애태우던 기억은 잊을 수 없다. 땀을 한없이 흘리며 왜 그렇게 불안해했었는지 지금도 이해가 안 된다.

같은 학교에서 영어를 담당했던 선생이다. 모든 면에서 여성으로서의 품위를 다 지닌 선생인데 나와 같은 해에 퇴임했다. 그래서 각별하게 우리의 만남은 지속되었다. 나는 송파구에서 그녀는 서초구에서 아이들을 키우며 같은 해에 그는 딸, 나는 아들을 대학에 입학 시켰다. 그 후 우리는 부부 동반으로 영화관, 갤러리, 연극 등을 보러 다니며 문화생활을 함께 했다. 술을 좋아하는 우리 두 집 남편들은 '수학 + 영어 = 사돈'이라 서로를 부르며 허심탄회하게 지냈다. 그런데 삼풍백화점의 붕괴로 심적인 타격을 받은 김 선생은 시름시름 앓고 병원에 다녔지만 1995년 12월에 세상과 작별했다. 나는 아무 도움도 못 되어주고 그저 뜨거운 눈물을 한없이 흘렸을 뿐이다.

그동안 잊고 지냈는데 또 다시 그리움이 나를 찾아와 내 마음을 무겁게 한다. 내 마음을 들여다보듯 딸아이가 전화를 걸어와 자신에 경사가 있어서 많은 꽃다발을 받았다며 엄마께 부탁드릴게 있다고 했다. 자신이 받은 꽃들을 드라이플라워로 만들어 달라고 하면서 엄마의 솜씨를 극찬하며 한없이 비행기를 태웠다. 언제나 그렇듯이 소일거리가 생기면 약간의 부담 탓에 어느 정도의 적절한 스트레스가 생긴다. 그러나 한편으로는 삶에 활력도 생기는 일이기에 흔쾌히 승낙했다. 유별나게 꽃을 좋아했던 그 영어선생 덕분에 드라이플라워를 통해 꽃들을 아름답게 꾸미는 법을 배웠다.

그녀는 서울의 좋은 가문에서 큰 딸로 성장해 E여자 대학을 졸업했다. 여자인 나도 그녀의 인품에 빠져들 정도로 여성스럽고 아름다웠다. 교직을 떠난 후 그녀와 많은 시간을 함께 하면서 그녀의 아름다운 서울 말씨에 나의 무뚝뚝한 사투리도 조금씩 부드럽게 닮아 감을 깨달았다. 또한 연극, 영화, 미술전시회 등을 함께 할 수 있음에 행복했다. 그녀가 세상을 떠난 후 평소에 자주 쓰던 '사람의 마음을 알고 세상 돌아가는 이치를 파악하라'던 그녀의 말이 자꾸 떠올랐다. 그렇다. 결국 '나는 혼자 노는 것'을 선택했다. 요즘은 혼밥족 홀로족 등 1인 문화생활이 대세임을 잘 안다. 떠나 버린 사람들이 그립고 생각 날 때마다 나의 마음을 다져왔다. 어느 시인이 말했던 '죽음과 삶은 동행이다' 는 그 뜻을 음미하며 살고 있다. 내 곁을 떠나버린 사람들이 보고 싶고 그리운 생각이 솟아날 때마다 그들이 살았을 때 함께 했던 그대로 행하려 한다. 하지만 어떠한 방법을 동원한다고 해도 구멍 뚫린 마음 한 구석이 채워지지 않는 것은 왜 그럴까(?)

– 2019. 12. 5

부러진 다리 외 1편

김 인 건

약수동 집에서 영등포 오피스텔까지 책상, 의자 등과 개인용 소품들을 실어날라야 한다. 소량의 화물이라 이삿짐센터를 부를 수도 없고 승용차에는 실을 수 없는 부피다. 궁리를 하다가 인터넷에서 '용달차'라고 검색해본다. 이삿짐 고객과 개인 용달차 사업자를 연계해 주는 사이트가 뜬다. 비품의 종류와 규격 및 출발지, 도착지와 이동 일시 및 전화번호를 입력하고 연락을 기다리면 된다. 인터넷과 공유 포탈사이트, 모바일 폰과 현대수송차량의 합작품이다.

1960년대 중반 대학 재수시절, 서울 제기동에서 하숙생활을 했다. 부산 고향집에서 하숙집으로 화물을 부칠 때다. 화물을 포장하여 집 주위에서 기다리고 있는 지게꾼 아저씨에게 지게 하여 부산진역 화물취급소로 간다, 당시엔 근거리 화물 이동 수단으로는 소달구지, 리어카, 지게 등이 있었다. 집 앞 신작로에서 요즈음의 택시처럼 줄을 지어 손님을 기다리고 있었는데, 아무래도 소량의 화물이고 역까지 1km남짓dml 짧은 거리이기에 사람이 직접 지고 가는 지게가 가장 저렴하였다. 꼬리표에 도착지를 서울역, 수취인을 OOO이라고 쓰고 무게를 측정하는 저울에 화물을 올린다. 저울은 무게가 표준화 되어 있는 쇠고리 모양의 추를 이용하여 화물과 추의 무게가 균형을 이루는 눈금을 육안으로 확인한다. 소화물 요금을 지불하면 화물열차로 서울역까지 가게 된다.

염천교를 지나서 서울역 뒤로 가면 화물 취급소가 있었다. 서울에 도착한 후 며칠 지나서 화물표를 소지하고 수하물을 찾는다. 서울역에서 제기동까지 화물을 가져가야한다. 화물 취급소 주위에 줄지어 있는 지게 지는 아저씨에게 운반을 맡기기로 했다. 서울역에서 제기동까지 10km정도인데 걸어서 2시간 넘게 걸린다. 지게를 진 아저씨와 같이 가야한다.

서울역을 떠나서 청계천 길로 들어선다. 복개되어 차도로 사용되던 청계천 길은 종로나 을지로 등에 비해 도로가 넓고 붐비지 않는 편이었다. 동대문을 거쳐 신설동로터리를 지나서 제기동으로 향한다. 신설동로터리 대광고등학교 부근에서부터는 오르막이다, 지게 아저씨도 여기서 부터는 힘들어한다. 제기동에 도착할 두어 시간 동안 지게 아저씨와 무슨 이야기를 나누었을까? 아마 재수하러 서울에 왔다는 아들 나이 같은 내가 객지에서 고생할 것을 염려하고 격려의 말을 해 주었을까?

고등학교 동기가 한남동에 살고 있었다. 같이 종로의 양영학원에 다니면서 재수를 하고 있던 처지였다. 그 친구가 제안한다. 자기 집에 숙식하면서 공부를 같이하자 한다. 누이 좋고 매부 좋은 제안이었다, 나는 하숙비 절감해서 좋고 친구는 나와 같이 공부하면 도움이 된다고 했다. 제기동에서 한남동으로 이사를 가야한다. 이삿짐 량이 제법 되어 지게로는 감당이 되지 않아 리어카를 이용하였다, 고무바퀴가 2개 달린 운반용 손수레인데 리어카라고 불렀다.

요즈음은 장거리에는 잘 쓰이지 않고 작업장 내에서 운반용으로 많이 사용하는 것 같다. 리어카를 한 대 불러서 짐을 실었다. 옷가지며 이불, 그리고 교과서등은 간단하였다. 의자를 실으니 책상을 실을 여유가 없다. 책상을 두고 가나? 엎드려 공부할 수도 없고 막막하다. 궁리를 하다가 책상 다리 4개를 톱으로 3분의 2쯤 냉큼 잘라내어 버렸다. 앉은뱅이책상으로 만들어 의자와 함께 리어카에 거꾸로 눕히니 안성맞춤이었다. 그 위에 책들을 차곡차곡 쌓고 빈 공간 사이사이에 옷가지를 채워 넣고 맨 위에 이불을 덮었다. 나의 모든 살림살이가 리어카 한 대에 소롯이 담겼다. 서울 와서 가구점에서 산 책상이다. 나왕 목재에 니스만 칠하고 서랍 2개만 달랑 달린 평범한 책상이다. 밤늦도록 공부하는 나를 피곤하지 않게 지탱해준 은혜에 보답은 못하고 다리를 싹둑 잘라버리다니! 미안했다. 잘라진 다리를 리어카에 같이 실었다. 제기동에서 한남동(현재 순천향병원 근처)까지도 약 10KM 2시간 넘는 거리이다. 하숙집에서 출발해 신설동로터리, 동대문을 거쳐 장충단공원을 지나 한남동까지 갔다. 친구와 같이 지금의 북한남로터리에서 한강 쪽으로 내리막길을 신나게 내려가던 리어카 행진이 지금도 선명하게 그려진다. 다리가 잘린 채 강북에서 강남까지 끌려온 책상은 기역자형 철붙이(?)로 접합 수술을 받았고 나는 예전과 같이 그에게 의지하였다.

그러나 한 달을 채우지 못하고 나는 그를 데리고 다시 제기동으로 되돌아와야 했다. 나와 책상에게 상처만 남긴 강남 행 밀월이었다. 이듬해 대학교 입학한 후에는 서랍이 여러 개 달린 근사한 호마이카 책상이 그를 대신하였다.

잠시 기다리니 전화벨이 울린다. 이삿짐 차가 도착했다. ……지게도 아니고 리어카도 아닌 현대식 1톤 소형트럭인데……. 책상을 실으며 또 잘라야 하나? 잠시 생뚱맞은 생각을 해본다.

– 2019. 10. 7.

新世界

김 인 건

드보르자크의 신세계 교향곡의 4악장은 현악기로 서주를 시작하여 트럼펫과 호른이 당당한 행진곡풍의 제1주제를 시작한다. 프로야구 팬들은 이 행진곡 풍의 선율을 LG트윈즈 게임 시에 야구장에서 자주 접해보기도 했을 것이다. 영화 <조스(Jaws)>의 식인상어 출현 테마와 비교되기도 한다. 최근에 발간된 유윤종 음악 평론가의 저서 "클래식, 비밀과 거짓말"은 4악장과 관련해 재미있는 이야기를 들려준다. 드보르자크는 1841년 체코 프라하 교외에 있는 볼타바 강가의 한촌 넬라호제베스에서 태어나고 자랐다. 당시 철도가 막 부설되는 때였고, 드보르자크는 이탈리아에서 온 철도건설 인부들이 그의 아버지가 운영하는 푸줏간에서 부르는 이태리 노래를 들으며 음악적인 경험을 쌓아갔다. 그의 기차 사랑에 대한 남다른 사랑이 이 즈음 시작되었다고 한다. 16세 때는 25km 떨어진 프라하의 오르간 학교에 입학한 후 거의 평생을 프라하에서 생활하게 된다. 그의 기차 사랑은 더욱 깊어져 프라하에서 빈을 왕복하는 특급열차에 특히 애착을 가졌다. 이 노선에 대해서는 시간표와 기관차번호와 기관차의 소소한 세부 기관까지 꿰뚫을 정도로 기관차 마니아였다고 한다. 이런 숨은 이야기는 4악장을 듣는 이에게 기관차가 증기기관의 추진을 받아 철로를 박차고 떠나 비엔나로 향해 달음질치는 모습을 떠 올리게 한다.

수정동 고향집에서 신작로를 따라 300m 남짓의 거리에 부산진역이 있다. 초등학교 시절 부산진역 철로와 기관차들은 우리의 놀이터였다, 철도원 아저씨의 눈을 피하여 우리들은 기관차고로 숨어들어갔다. 기관차에 올라타고 내리고, 철로길 위를 외다리로 오래 지탱하는 게임 등으로 노닐다가 저 멀리 꽥~액 울어대는 기차소리에 놀라서 후다닥 도망치기가 일수였다. 우리의 유년 시절이 기차소리와 드보르자크의 신세계 4악장의 트럼펫과 호른의 선율이 어울리면서 파노라마처럼 스쳐간다.

초등학교 6학년 경주 수학여행과 중학교 2학년 서울 수학여행은 기차가 데려다 준 최초의 신세계였다. 이때 통일호는 서울 부산 간을 8~9시간 정도 걸려 주파하였으니 가위 대륙을 횡단하는 것과 진배없지 않았을까? 대학교 수험을 위해 서울 기차를 다시 타게 된다. 자료에 의하면 1962년 5월 15일 부로 재건호가 특급열차로 서울 부산 간을 6시간 10분에 주파했다고 한다. 이때 통일호는 밤열차도 있어서 밤에 차 속에서 잠을 자며 새벽에 서울에 도착하고는 했다. 홍익회가 열차 안에서 파는 삶은 달걀과 김밥으로 긴 밤의 시장기를 달래기도 하였다. 대구와 대전역에는 10여 분 간 정차하였는데 열차승차장에서 파는 가락국수가 일미였다. 가락국수 한 입 먹고 기차 한 번 보고, 또 한 입 먹고 기차 한 번 보고 하다가 국수그릇을 그대로 던지고 달리는 기차에 올라타는 스릴도 밤 기차여행의 묘미였다.

2악장의 라르고는 잉글리시 호른이 멀리 있는 고향을 떠올리듯 감성적인 라멘트(lament)로 연주하며 우리의 향수를 이끌어 간다. 우리가 학창시대에 "꿈속에 그려라 그리운 고향~~~"이라며 즐겨 부르던 곡이다.

꿈속에 그려라 그리운 고향 /옛 터전 그대로 향기도 높아
지금은 사라진 친구들 모여 /옥 같은 시냇물 개천을 넘어
반딧불 좇아서 즐기었건만 /꿈속에 그려라 그리운 고향

이 노래는 드보르자크의 제자였던 윌리암 피셔(William Fisher)가 2악장의 곡에 흑인영가풍의 가사를 붙여서 "고향으로(Going home) " 라는 제목으로도 널리 알려졌다고도 한다. 기차의 기적소리는 우리를 고향으로 인도한다. 영원한 노스탈자를 향해 가는 여정이다.

"Going Home"에서 윌리엄 피셔는 드보르자크의 선율에 올라 노래한다.

<나 지금 집으로 돌아가네 / 어머님 거기서 날 기다려/아버님도 또한 기다리시네
여러 친척 모두 보이네, / 그립던 친구들도
나 집으로 돌아가는 중이네 / 이제 더 잃은 것 없네, 얻을 일만 남았네
이제는 없네, 초조함도 아픔도 / 가는 길에 넘어질 일 다시 없고,
그리움에 못견딜 날도 다시 없네 / 더는 방황하고 떠돌지 않을거네
나 고향으로 돌아가네 / ……… Real life yes begun >

나 고향으로 돌아간다. 기차를 타고 고향으로 간다. 60년 세월 전

으로 돌아가고 있다.

부산진역 기관車庫에 모두 모였네. 종식이,우현이는 화물차에서 무언가 찾고 있네. 종덕이, 선운이는 철로 위에서 서로 밀며 깔깔거리네, 진철이는 철로가 코스모스 길에서 혼자 울고 있네. 모두 모였네. 철로 위, 화물차 위에 다 모였네. 얘들아 집에 가자. 밥 먹을 시간이다. 어머니 기다리신다.

2악장과 4악장의 주제가 전 교향곡에서 교차한다. 나는 기차를 타고 신세계로 달린다. 넘어지고 좌절하면서도 펼쳐질 미래를 기대했다. 아! 이제는 돌아갈 때다. 더는 방황하고 떠돌지 않을거네 .나를 싣고 온 저 기차를 타고 나는 돌아가네. 집으로.

이 교향곡은 미국이라는 신세계의 전개와 보헤미아의 고향을 동시에 느끼게 하는 이중성을 갖고 있는 것 같다. 드보르자크는 1893년 12월 15일 뉴욕 필이 <신세계 교향곡>을 초연하기 바로 전 날<뉴욕 헤럴드>와의 인터뷰에서 이렇게 밝혔다고 한다.

"제가 이 나라에 발을 내디딘 이래, 흑인과 인디언 음악에 깊은 관심을 가지고 있었습니다. 이 민족의 성격, 특징 그리고 정신이 바로 그 음악들 안에 담겨있습니다. 제가 이 새로운 교향곡에서 만들어내고 싶었던 것이 바로 이 정신입니다. 실제로 저는 어떤 멜로디도 직접 사용하지 않았습니다. 저는 그저 그 음악의 특징들을 나타내는 주제들을 썼고, 현대적인 리듬, 화성, 대위, 오케스트라 색채 등으로 이 주제들을 발전시켰습니다."

그는 기관차 이야기도 고향 보헤미아의 향수어린 그리움에 대해서도 아무 말도 하지 않았다. 신세계가 주는 느낌은 사람마다 다 다르다. 음악의 세계는 오롯이 자기와의 대화이다. 자기만의 스토리를 만들어 갈 때 음악은 더 나의 내면으로 다가온다.

청천에 별들이 반짝일 때면
영혼의 안식처 찾아 헤매네
밤마다 그리는 그리운 고향
낡아진 창문의 그늘 아니면
이 마음 붙일 곳 어디메이뇨
꿈속에 그려라 그리운 고향

– 2019년 12. 11.

벚꽃은 지고 외 1편

이 근 영

다시 찾은 동경 신주꾸어원(御苑), 벚꽃이 피었다 지고 있다. 화려함이 한 일주일 정도 가는 것 같다. 벚꽃은 일본어로는 '사쿠라'라고 하는데, 꽃 자체가 너무 화사한 나머지 금방이라도 어떻게 될 것 같은 불안감마저 들게 한다. 그래서 우리에게 '사쿠라'라는 말이 변절의 이미지를 주는 건지는 모르겠지만, 사람들은 매화꽃을 보고서 겨울이 다했음을 알듯이 벚꽃이 피고 져야 드디어 봄이 왔음을 안다.

며칠 전이다. 일본 원호가 바뀐다는 뉴스가 있었다. 5월1일부터 현재의 '平成(헤이세이)'에서 '令和(레이와)'로 바뀐다는 것이다. 원호란 옛날 왕조국가의 연호와 같다. 실제로 일본서는 모든 국내 공문서나 일상생활에서 서력을 쓰지 않고 원호를 쓴다. 그러니까 5월부터 태어나는 아이들은 호적에 令和1년생으로 표기된다. 내 경우를 대입해 본다면, 昭和 31년생이 되니까 일본 왕 3대째를 살아가는 셈이다. 헷갈리기는 하나 세월의 흐름은 더 잘 느껴진다.

국제간에는 서력을 써야 하니, 이중사용이 불편할 텐데도 원호력(元號曆)이 유지되고 있는 것은, 바로 일본사람들이기 때문이다. 곤충들이 자기들만의 냄새로 동족을 가리듯 일본인들은 그들만이 쓰는 원호로, 왕실을 유지하고 있다는 우월감까진 아니더라도 최소한 모두가 같은 편임을 확인하고 안도한다.

새 원호 令和는 아름다운 조화를 표방했다지만, '일본이 되어라'라는 또 하나의 해석이 뒤를 잇는다. 일본을 상징하는 和에 令이란 명령어가 붙었기 때문이다. 평화를 이룬다는 원호 平成의 30년 세월을 보냈으니, 이젠 할 말도 하고 전쟁도 할 수 있는 보통국가로 되어야겠다는 의지를 내 보이고 있다는 거다.

부국강병에 성공하여 청과 러시아를 꺾고 대만과 조선을 삼킨 明治(메이지)부터, 우리 일제강점기 앞 절반을 통치했던 大正(다이쇼), 기어코 미국과도 전쟁을 벌였다가 결국은 패전하여, 거의 마지막 왕이 될 뻔했던 昭和(쇼와), 평화주의자인 平成(헤이세이) 그리고 이번의 令和(레이와)까지가 지금의 일본을 만든 원호들이다.

관건은 아베 정부가 노골적으로 추진하고 있는 평화헌법개정이다. 몇 해 전 공식 발표 당시 매스컴들은 헌법 개정을 하겠다는 내용보다도, 이를 대내외에 천명한 시점에 더 큰 관심을 보였다. 이미 모든 준비와 계산을 끝냈다는 얘기였기 때문이다. 어쩌면 '일본이 되자'라는 새 원호 令和도 그와 같은 자신감을 나타내는 하나의 표상일지도 모르겠다.

왕위가 생전에 양위 되는 건 근래 200년 간 없었던 일이라고 한다. 그래서인지 퇴임하는 平成의 생각과 퇴임 타이밍에 대한 이야기도 많다. 平成은 그 진속은 알 수 없으나 현재까지 보인 것만으로는 평화주의자다. 아베와는 많이 다르다. 한마디로 야스꾸니 신사[1)]를, 아베는 참배를 갔지만 平成은 단 한 번도 가질 않았다. 아베는 외조부이자 원조 군국주의자인 키시 전 총리의 노선을 따르는 출세 지향

1) 2차 대전 전몰자 영혼을 모아둔 곳.

의 엘리트 정치가지만, 평성은 유년기에 군국주의자들이 선도한 전쟁 참상을 보며 자랐고, 커가면서는 실권을 잃은 왕가의 추락을 고스란히 겪은 뒤, 나이 60이 다 되어 왕위에 오른 그는 깊은 반전론자이다.

새 원호를 만드는 일은 아베 정부가 주도했다지만, 양위 여부와 그 시기 결정은 왕실의 권리였다. 확실치는 않으나 지난 16년 8월의 양위발표가 아베의 헌법 개정에 건 최후의 브레이크였다고 한다. 법에도 없는 생전 양위를 공표해버리자, 서둘러 근거 법을 만드느라 지금까지 약 2년 이상 평화헌법개정에는 손도 못 대었다는 거다. 이제 아버지 平成의 뜻을 지킬 일은 5월 첫날 즉위하는 신왕(新王)의 몫이 되었다.

퇴임을 앞둔 平成은 어떤 마음일까? 명치로부터 3대를 못 넘기고 다시 허수아비로 전락한 왕가에 대한 애환에 젖어 있을까? 그래도 없어지지 않고 명맥을 이어온 왕실을 다행으로 생각하고 있을까? 아니면 자신의 지난 인생처럼 참고 또 참아 가면서 신세대들이 만들어 갈 진정한 평화시대를 염원하고 있을까? 새해인 내년 첫날에는, 황거(왕궁) 베란다에 모습을 드러낼 새 왕의 모습을 보려고 더욱 많은 사람이 몰려들 것이다. 나도 일본서 살 때 호기심으로 한 번 가봤지만, 왕궁 먼발치에서 자기네 천황[2]을 바라보며 눈물을 훔치는 사람들이 적지 않았다. 아무것도 아니면서 동시에 모든 것이기도 한 묘한 존재가 일본 천황이다. 아버지 平成에 못지않게 평화주의자로 알려진 신왕은 어떤 메시지를 준비할까? 북미 관계로 요동칠 불안한 한반도

2) 천황 : 되도록 우리식 표현인 왕으로 바꾼다. 다만, 의미 전달에 도움이 되는 경우에 한해서만 천황으로 둔다.

정세와, 헌법 개정을 일생의 과업으로 삼은 아베와의 갈등이 그의 즉위 첫해를 어지럽힐 것이라고 예견한다.

벚꽃이 떨어진다. 흩어지는 꽃잎들이 마치 포화 속에서 산화해 간 애달픈 청춘들 같다. 쇼와시대 화려했던 대가는 당대의 참담한 추락이었음을 다시 한 번 확인한다. 산책 나온 사람들은 지는 벚꽃이 아쉬워 길섶을 서성인다. 그 틈 사이로, 매달려 있던 꽃들을 밀어낸 초록 잎사귀가 보인다. 새잎은 또 한철 뜨거운 여름을 예고하고, 흩어져 내리는 꽃잎 위로는 平成의 마지막 시간이 흐른다.

– 2019. 4.

훈장과 엄마

이 근 영

우리나라 남자들은 누구나 군대생활이란 특별한 경험을 한다. 사실 입대를 앞 둔 본인에겐 심각한 문제다. 학업은 물론이고 사귀던 여자와의 관계, 나아가서는 인생진로에 결정적인 영향을 주기도 한다. 나 역시 고민했지만 내 경우엔 고민할 것이 정해져 있었다. 돈이었다. 어릴 적엔 유복했지만 고3때 집이 어려워지면서, 처음으로 가난이란 걸 경험한다. 오래지 않아 아버지가 재기하면서 가난은 끝이 나지만, 나는 힘든 대학시절을 보낸다. 남의 집 가정교사를 해야 했다. 미팅도 하고 싶었고 당구도 치고 싶었지만 안 되는 일이었다. 그런 가운데 군 입대도 큰 걱정거리였다. 궁리 끝에 ROTC를 선택했는데, 3학년에 머리 깎고 군사훈련을 받게 되니 대학시절의 낭만은 거기까지였다.

졸업하고 소위로 임관했던 1979년은 격동기였다. 그해 가을 YS가 총재직에서 제명되면서 부마사태가 터지고, 10.26, 12.12, 그리고 '80년 서울의 봄을 거쳐 5.18사태[3]와 5공화국 수립까지 전부가 내 소위, 중위 때 일어난 일들이다. 특히 부마항쟁 때는 내가 계엄군이었다. 부산에 있던 군수사령부가 계엄지휘를 맡으면서, 예하부대에

3) 당시엔 모두 '사태'라 불렀다. 이하부터는 '항쟁'이라 칭한다.

있던 내가 그날로 차출된 거였다. 계엄령이 발동되면 군은, 시 행정을 사실상 정지시키고, 곧바로 소요 진압과 언론 통제에 들어간다. 내가 맡은 건, 해외 잡지에 한국관련 기사가 보이면 내용을 확인하는 일이었다. 외국어 대학을 나왔으니 영어를 잘 할 거라고 판단했던 거 같다. 내 전공과목이 아닌데도 말이다. 군의 의사결정은 이렇듯 언제나 속도가 우선이다.

옆 자리는 많이 시끄러웠는데, 국내 언론 검열관 자리였다. 대위 한명이 기자들과 실랑이를 하면서, 모든 기사를 부드럽게 쓰라는 주문을 하고 있었다. 군인이 피해를 입은 건 되도록 쓰지 못하게 했고, 민간인의 경우엔 죽은 건 실종으로, 중상은 경상으로 쓰는 식이었다. 사실 당시 민심은 심각했다. 조그만 자극으로도 반 유신 분위기가 전국으로 확산될 우려가 컸었다.

거리는 많이 험했다. 그래서 계엄령도 발동된 거지만, 일부 시민들이 이미 시위에 합세를 했거나 시위대를 돕고 있는 상태였다. 시민들을 학생들과 격리시키는 일이 시급했다. 공수부대까지도 투입되었다. 공수부대는, 점령과 방어를 기본으로 하는 보병과는 다르다. 목표를 정해 어떤 형태로든 타격하는 부대다. 옆자리의 소란 정도로 보아 초기 며칠간이 가장 심했던 것 같았다. 당시 부산으로 출동했었다는 한 특전사 출신 동기생은 학군 모임에서 만나면, 술만 마셔댔지 막상 그때 얘기는 하려 하지 않았다. 하긴 전쟁을 두 번 겪은 아버지는 더 했다. 평생의 전우 한 분의 소식을 알고 있었으면서도 끝내 찾지를 않았다. 그 쪽도 같았다. 떠 올리기조차 싫은 기억이어서다. 이래서 지독한 경험은 할 게 못된다. 그 후유증이 너무 크고도 길다.

부마항쟁이 겉으로나마 어느 정도 진정이 되자 차출된 장교들은 먼저 복귀를 했다. 동기생들이 고생했다며 나를 위한 귀대환영회를 해 주었다. 오랜만에 화투랑 카드놀이를 하느라 마을서 좀 떨어진 이장 집 별채에서 밤을 새웠다. 아침 해장국을 먹고 부대로 돌아가는데 주변 분위기가 이상했다. 10.26 아침이었다. 간밤에 온 부대가 발칵 뒤집혔었다. 육군소위 17명이 완전히 증발했던 거였다. 그날로 외출 외박이 금지된다. 그렇게 한 달이 지나고, 외박금지가 풀린 기념으로 우리는 다시 자축파티를 가졌다. 이번엔 곧 폐쇄를 앞둔 산속 BOQ[4]에서였다. 부대에서나 소대장들이지 스물 넷 한창인 청년들이었다. 다시 아침이 되었는데, 공교롭게도 그 날은 12.12였다. 이렇게 해서 학군출신 장교들은 문제 장교가 된다. 외박금지는 당연했는데 이듬해 3월, 중위로 진급하면서야 풀린다.

바깥세상은 다시 1년을 거칠게 흐르며 5공화국이 수립되었고, 제대를 앞 둔 나는 사회로 나갈 준비로 바빴다. 당시엔 우리가 회사를 고르던 시절이라 제대를 한 7월에 바로 직장생활을 시작했는데, 역시 사회는 학연, 지연이 중요했다. ROTC라는 것도 퍽 괜찮은 네트워크였다. 서로들 초록루비가 박힌 두툼한 금반지로 알아보곤 했기에, 취직하고 몇 달 만에 고향집에 가보는 이번 추석에는 맡겨둔 ROTC 임관 반지를 가져와야 했다.

어머님께 제대 보따리를 찾고 반지를 물었다. 어머님은 대답은 하지 않고 대신에, 반지 곁에 있던 반짝거리는 패찰 같은 게 뭐냐고 조심스럽게 물었다. 잊고 있었지만 제대하기 몇 달 전에 받은 '국난극복기장'이었다. 5공화국이 들어서면서 당시 군경 간부들과 공직자들에게 수여했던 거였다. 우리 학군장교들도 받았는데, 좀 미안했다. 일부러

4) 총각장교의 숙소

는 아니었지만 국난 때마다 부대를 이탈했었으니 말이다. 나는 당시 기장이란 게 뭔지 정확히 알지 못했고 또 길게 설명하기도 그렇고 해서, 그냥 제대할 때 받은 훈장 같은 거라고 되도록 짧게 대답해 주었다. 이어서 다들 받은 거라고 덧붙였지만, 엄마에게는 내가 훈장을 받았다는 것만이 귀에 꽂혔던 것 같다. 나중에 들으니, 마을 잔치를 했다는 것 같은데, 우리 아들이 글쎄 군에서 훈장을 타 왔다는 거였다.

어머님이 갖고 있는 국군에 대한 기억은 좀 다르다. 이북 평양이 고향이고, 1.4후퇴 때 피난해 내려왔다. 당신 오빠이야기인데, 6.25당시 줄 곳 산에 숨어 지내다가, 평양으로 입성한 국군을 따라 나서면서 군복을 입고 있었던 것 같다. 그 모습이 당시 열네 살 소녀였던 엄마 눈에는 너무 멋있어 보인 거였다. 아마도 국군들을 보고 비로소 느꼈던 안도감과 군복을 입은 오빠의 늠름함이 겹쳤던 것 같다. 그런데 이번엔 아들이 군에서 훈장을 타 왔다니 마땅히 잔치감이다. 어머니는 틈만 나면 국군이 되어 떠난 오라버니 이야기를 했다. 그동안 동명인 분들을 많이 찾아 가 보기도 했지만, 아니었다. 이런 집이 하나둘이 아니다. 다만, 아픔이 각인된 방식이 사람마다 다를 뿐이다. 이어서 어머니는 반지 얘기를 비교적 장황하게 해 주는데, 요는 '제대를 해서 더 쓸 일이 없어진 군대 반지이니, 녹여서 내 반지 만들었다'는 얘기였다.

이렇게 술만 먹다가 받은 기장이 졸지에 훈장이 되어 마을 잔치까지 했던 에피소드와 연이어 '녹아 없어진 반지 이야기'는 내 주변 사람들은 다 아는 이야기다. 어머님만 모른다. 그저 당신에겐 아들이 훈장 하나를 타 왔고 그래서 마을 사람들을 한 번 잘 먹였다는 것만이 기억하고 싶은 전부다.

지난여름엔 5공화국 때 수여했던 국난극복기장을 무효로 하겠다는 뉴스가 있었다. 길고 긴 세월 사연도 많은 기장이다. 내 것만이라도 우리 엄마 장롱 속 깊은 곳에서 평안하길 빌어본다.

– 2018. 12. 30.

4부

수필 수업

아버지의 마음 외 1편

박 찬 숙

남자 이야기 중 여자 분들이 싫어하는 게 두 가지가 있단다. 남자들의 군대이야기와 축구이야기이다. 그래서 여자 분들이 가장 싫어하는 건. 남자들이 군대 가서 축구한 이야기란 우스갯소리도 있다. 군대이야기를 여자 분들이야 싫어한다지만 남자들에겐 일종의 옛날의 추억을 불러내는 아이콘이기도 하다.

1970년대 초, 월남전이 한창 진행 중일 때의 일이다. 처음 신병훈련소에서 교육을 마치고, 2차 교육은 OO에 있는 공병학교에서 특기병 교육을 받게 되었고 나는 그곳에 자충되어 학과본부에서 행정 및 조교요원으로 근무했다. 공병학교는 우리나라 각 부대에서 필요한 공병[5] 요원을 양성하는 곳이라 전국에서 다양한 경험을 가진 훈련병들이 모여 들었다. 그 중에는 손금을 잘 본다는 훈련병도 들어왔다.

1972년 8월말 휴식시간에 그 훈련병이 교육받는 곳에 가보니 조교들이 옹기종기 모여 손금 잘 본다는 훈련병을 불러내 손금을 보며 희희낙락 하다가 나더러도 손금을 한번 보란다. 난 하나님 믿는 사람이라 싫다고 거절했더니 재미로 보라고 자꾸 권한다. 난 말(마음)은 싫다고 하면서도 손(몸)은 벌써 손금 보는 훈련병의 손 위에 내 손

5) 야전건설 및 중장비, 폭파 등

이 올라가 있으니 하나님을 믿는다면서 몸 따로 마음 따로 노는 참으로 한심한 신자였던 거 같다. 내손을 유심히 보던 그 훈련병은 '아, 손금이 좋네요. 해외에 갈 운이네요'한다

'해외에?' 그 당시 외국에 가기가 참 어려운 시절이라 난 호기심이 발동해 가까이 다가서며 재차 물었다. '언제가, 군대 제대 후?' 물으니 '아니, 가까운 시점에도 갈 수 있어요'라고 한다. '가까운 시점, 어디로' 하니, '에이 그야 뻔하죠, 군대 내에서 어디겠어요. 월남이죠.'한다.

난 뒤통수를 한대 맞은 기분이었다. 그 당시 100여 가구 되는 시골 우리 동네에서 두 명이 청룡부대로 월남에 갔다가 한 명은 살아 돌아왔지만 전쟁 트라우마머로 시달리고 있었고 한 명은 죽어서 싸늘한 주검으로 돌아왔기에 월남전에 대해 그리 좋지 않게 생각나던 때였다. 전쟁은 초기와 말기에 가장 치열해 사상자가 많아 가장 위험하다는데, 지금이 말기라니 더 불안감이 가중되기도 했다

그런데 정확히 1개월 뒤 9월말에 난 월남 파병명령을 받게 되었다. 썩 내키지 않았지만 어쩌겠는가? 국가의 명령인데, 중대에서는 내가 월남 가는 걸 별로 달갑지 않게 생각한다는 걸 알고 월남 가면 돈도 많이 벌고 부대 배치 잘 받으면 괜찮다고 설득하며 3일간의 휴가를 주고 집에 들려 인사나 하고 갔다 오란다.

3일간의 휴가는 쏜살같이 지나가고 춘천 OO리 월남 파병훈련소로 떠나는 날이었다. 아버지는 그날도 논에서 일하고 계셨다. 월남 갔다 온다고 인사 드렸더니 논두렁으로 나와 잠깐 담배피우며 알 듯 모를 듯 긴 한숨을 쉬더니 '잘 갔다 오라'는 말 외에 별 말씀이 없으시다. 그래서 잘 갔다 오겠다고 인사드리고 더블백을 메고 300여 미터 거리의 버스 타는 정류소로 출발했다. 100여 미터 오다가 뒤돌아보니

아버지께서는 벌써 괭이로 밭을 갈고 있었다. 난 가슴이 먹먹했다. '자식이 살지, 죽을지도 모르는 전쟁터로 가는데 어찌 저리 태연 할 수 있을까?' 300여 미터. 거리의 버스 정류장까지도 동행하지 못할 만큼 바쁜 일일까? 좀 섭섭하기도 했다.

그 뒤 72년 11월초. 훈련받는 중이었는데 당시 미국이 대통령선거와 맞물리고 미국도 월남전이 월맹에 밀리고 있어 반전 분위기가 강했던 시절이다. 당시 미국 닉슨 대통령의 월맹폭격중지 및 휴전 모드로 파병훈련을 받던 우리도 12월말에는 훈련중지 및 원대복귀명령이 떨어져 부산의 모 부대로 재배치되었다

얼마 전 추석이라 고향에 갔다 왔다 동네 초입에 아버지께서 농사 지으셨던 논을 지나고 추석날엔 아버지 산소에 성묘도 갔다 왔다. 옛날 생각도 나고 월남 간다고 인사드릴 때의 모습도 떠올려진다. 그때 아버지 마음은 어떠했을까? 사뭇 궁금했었다.

추석 전날 저녁때 1년 반전 독일 회사로 취업해 근무하고 있는 둘째 아들 녀석이 추석인사와 더불어 동영상 하나를 보내왔다. 금년 9월초 독일초등학교에 입학한 첫 손주의 피아노 치는 동영상을 보내온 것이다. 서툴고 미숙하지만 독일에 가 잘 적응하고 있음에 대견하고 흐뭇했다.

그저 멀리 있어도, 동영상만 바라만 보아도 가슴이 훈훈하고 따뜻함, 그것이 바로 아버지의 마음임을 이제야 알겠다. 월남으로 떠나며 아버지와 헤어질 때 내 마음은 먹먹했지만, 자식을 전쟁터로 떠나보내는 아버지의 가슴은 타고 들어가고 있었음을 이제야 알겠다.

"아버지 그 당시 섭섭해 했던 점, 미안해요. 용서해주세요"

엄숙했지만 그래도 꿋꿋하라고 가르친 아버님이 그립다.

– 2018. 10. 11.

한 백번은 웃었을까?

박 찬 숙

어젠 고교 동창친구 몇이서 탁구 번개딩이 있었다. 날씨가 을씨년스럽고 비가 오며 꾸물꾸물한 날이다. 밖으로 나 돌아다니기 참 싫은 날이다. 부천에서 모 교수님하고 점심식사하고 모이는 시간 맞추어 집으로 돌아오는데 여기저기서 전화가 오고 이런 날인데 꼭 가야 하겠느냐고 난리다

그래도 친구들이 약속시간 오후 4시가 되니 하나둘 모이기 시작한다. 강남에서 수원까지 거리도 멀고 날씨도 궂어 나오기 참 싫었는데 그 구수한 감자탕이 그리워 꾸역꾸역 왔다고 한다.

탁구! 누군가는 고교 때 이후 첨이라 하고, 누군가는 군대 시절이후 첨이라고도 한다. 한참 몸을 풀고 나니 옛 가락이 나온다, 한 시간 쯤 지나서 누군가 몸도 풀리었으니 옛 생각을 해서 복식을 하잔다. 그런데 그동안 라켓도 펜홀더에서 쉐이크핸드 타입으로 바뀌었고, 게임룰도 21포인트 one게임에서 11포인트 3게임으로 바뀌었고 서브도 5포인트 연속에서 2포인트 후, 바뀌어 체인지게임을 진행하는데 실수투성이다. 바뀌지 않은 건 엉성하지만 기교가 있는 옛날 탁구 폼들인 것 같다…….

서브가 미스나면 당사자는 기가 막혀 웃고 상대방은 그 실수에 웃는다. 리턴도 못 받으면 실수에 웃고 잘 받으면 그 묘기에 웃는다. 공중높이 띄운 볼을 라켓으로 힘차게 스매싱으로 때리면 여지없이 빗나간다. 그러면 허탈감과 상대의 실수에 박장대소하고 스매싱이 내리꽂히면 상대가 받지 못해 또 웃는다. 그 사이 온갖 농담거리가 쏟아진다.

무슨 말을 해도 좋은 사이, 사심 없고 흉허물 없고 상대를 놀려도, 놀림을 받아도 허허하고 웃고 까르르하며 한 백번은 웃었나 보다.

저녁식사는 감자탕이다. 살집이 붙어있는 돼지 뼈에 깻잎과 콩나물이 들어있고 거기에 감자 몇 개 들어 있다. 구수한 들깨를 듬뿍 집어넣고 불을 지핀다. 감자탕이 익어가고 우정도 익어간다. 한 친구가 3년 전 퇴직을 했는데 임원이라고 퇴직금을 안주어 소송을 해서 1심에서는 1억2천인데 2심에서 5천 2백으로 떨어졌다고 투덜대기도 한다. 본인은 그냥 3심을 포기했는데 상대방이 마감 두시간전에 대법원에 상고하고 한번 만나자고 오늘 전화 왔단다. 아마 조정하자는 얘기인 것 같단다.

구수한 감자탕이 그런저런 이야기 속에 농창 익어가고 있고 세상사는 이야기 속에 을씨년스런 날씨도 묻혀버린다. 옛 이야기 속에 가시 돋친 농담도 녹아버린다.

다음 달 연말 부부동반 모임에 "너 첫 애인 있는 거, 너네 와이프한테 이른다."고 누군가가 말한다. 당사자 친구가 대꾸한다. "너는?", "하하하." 유쾌한 하루였다.

밖으로 나오니 빗살이 눈발로 변한다. '첫눈이 오려나?

그래서 첫 여인하고의 짝사랑이야기도 하나의 웃음으로 승화되나 보다. 허허, 하하하하~~

- 2018. 11. 26.

삶의 여정에서 외 1편

이 영 도

1982년 장마가 끝날 즈음이다. 나는 동대문구 제기동에 사무실을 두고 군납사업에 매달려 있었다. 직원이래야 5명이었고 내 나이 서른이었으니 지금 생각해보면 의욕이 넘치고 어려움을 정면 돌파하는 씩씩한 기상이 있었다. 내 나이 67세에 돌이켜보면 스스로를 격려해주고 싶다. 사무실은 낡은 3층 건물에 2층을 쓰고 있었는데 골목 하나를 사이에 두고 한옥들이 규모와 모양이 닮은 것 들이 옹기종기 어깨를 마주 대고 모여 있었다. 출근 후 얼마 지나지 않아 창문 넘어 한옥집이 불길에 싸이고 있었다.

먼저 119에 신고하고 소방차 길을 터주기 위해 골목길에 세워 둔 차를 이동시키려고 내려갔다가 나의 생에 잊지 못할 광경을 보았다. 한옥집은 종잇장처럼 불이 번지는데 불을 보고 소리 지르는 여자의 모습이었다. 머리카락은 숯검정을 올려놓은 듯 다 타버렸고 팬티와 브래지어만 몸에 붙어있었다. 그 상태에서 불길을 향해 소리 지르고 있었다. 소방차가 오기 전 옆 파출소 경찰이 먼저 왔다. 내 차에 그녀를 태웠다. 손을 잡으면 피부가 밀려났다. 손톱 사이로 피가 흐르고 발바닥은 들떠 발톱과 발바닥에 피가 흘렀다. 팬티와 브래지어는 나일론 소재라 몸에 달라붙어 있었던 것이다. 그 처절함과 나의 코는 평생 맡아보지 못한 냄새를 처음 느꼈다. 그녀는 비몽사몽인지 하느님을 찾아 운행 중 기독교 방송의 찬송을 들려주었다. 인근 동산병원에서는 환자를 받아주지 않아 청량리 역전 옆 성바오로병원에서 수녀들이 나와 그녀를 응급실로 데려갈 수 있었다. 나는 충격이 심해 응급조치하는 모습을 지켜보다 사무실로 돌아오니 교통이 차단되고 불난 한옥은 진화되었으나 집은 주저앉아있었다.

소방관은 다음 순서를 정하지 못해 웅성거렸다. 이 집에서 대피 못한 사람이 있다면 발굴해야 하는데 증언이 엇갈리고 있었다. 소방관 지휘자에게 최초 상태를 설명하고 그녀가 소리 지르는 모습으로 보아 대피 못한 일행이 있어 보인다고 했다. 이후 정신 차려 내 차를 살펴보니 피와 살갗의 잔재는 처참했다. 점심시간이 되자 발굴팀 30여 명이 있었는데 작업을 안 하고 있었다. 밤새워 수재 난 곳에 출동하여 잠한숨 못 자고 시달리다 이 화재현장에 출동했는데 피곤하고 배도 고픈데 점심 준비도 없었다. 지휘자도 대책이 없어보였다. 난 짜장면과 술을 사 주고 소방관과 일행이 되어버렸다.

오후 3시 그녀의 친구가 화장실에서 태아의 자세로 숨져있는 것을 발견했다. 그로서 상황은 종료가 되었고 다음 날 병원에 그녀를 찾아가 멀찍이서 바라보았다. 오빠가 서울대학병원으로 옮겨 치료해서 그녀를 꼭 살린다고 다짐했지만 26일 만에 죽었다. 소식을 듣고 서울대병원 장례식 때 가 보았다. 나의 울적함이 다 가시기 전 친언니가 된다는 이가 찾아왔다. 사연을 들을 수 있었는데 불난 집이 약혼자 집인데 놀러 왔단다. 석유 버너가 엎어져 동생은 대피했으나 친구가 나오지 못해 친구 구하러 다시 불속에 들어갔다가 친구도 구하지 못하고 그녀도 지독한 화상을 입었는데 그녀는 내가 불속에 들어가 구해준 걸로 기억한다고 했다. 고마운 아저씨에게 나아서 인사간다고 했는데 죽었다고 했다. 손에 들고 온 꿀 한 병을 나보다 더 수고한 파출소에 전하라 하니 그 언니는 꼭 파출소에 인사갈 테니 받아달라고 해서 사무실에 두고 찾아 온 이에게 꿀 차를 대접하며 친구 위해 목숨을 버린 그녀 이야기를 했었다. 한동안 두 사람 목숨을 앗아간 한옥집은 그 자리에 흉한 모습으로 있었고 두어 달 지나 나는 그곳을 떠났다.

그리고 5년이 흘렀다. 1987년 2월 말 포항에 있는 해병대 사격장 공사의 현장을 지휘하고 있었다. 며칠 동안 서울에 못 가고 있었는데, 저녁 무렵 본사에서 숙소로 연락이 왔는데 오늘 수표를 막지 못해 부도가 났다는 것이다. 내일 오전까지 수표를 회수하면 최종 부도는 막을 수 있지만 신용에는 치명적인 일이었다. 해병부대 재무 참모에게 자금 융통을 위해 길을 나섰다. 이곳을 나가려면 미군과 해병대가 합동 훈련 있을 때만 술집이 열리는 빈집들이 있는 곳을 지나야 했다. 급한 마음에 차를 몰고 지나는 내 앞에 진기한 일이 벌어지고 있었다. 웬 사내가 온 몸에 불이 붙어 괴성을 지르며 뒹굴고 있었다.

나는 반쯤 수표 부도로 정신 빠진 상태에서 차를 세워야 했고 그 사내의 몸에 붙은 불을 끄고 출동한 경찰과 같이 그를 태우고 경북 도립병원으로 향했다. 술 취하고 반쯤 불에 탄 사내는 거구의 몸으로 고통에 몸부림치며 괴성을 질러댔다. 다행히 경찰이 붙잡고 어르고 달랬다. 이 와중에 차량 전조등마저 꺼져버렸다. 40분쯤 달려 도립병원에 도착하자 퇴근했던 외과 과장이 와서 이 사내를 치료했다. 치료하는 모습을 한동안 지켜보고 수고한 경찰과 눈인사를 하고 돌아섰다. 누가 나의 현재 처지를 알겠는가. 자는 해병부대 재무 참모를 깨워 부도난 사정을 설명하고 자금을 부탁하고는 밤 12시가 지나 숙소로 돌아오며 화재 현장을 가보았다. 남자가 일어서려는 자세로 검은 석고처럼 굳어 있었다. 죽은 시신 앞에 촛불 2개 사과 한 알 북어 한 마리가 그를 위한 배려였다.

이튿날 사고 내용을 들을 수 있었는데 거지 셋이 이 빈집에서 같이 살았는데 반쯤 타버린 사내가 해병대 출신인데 두 거지를 괴롭혔다 했다. 두 거지가 작당하여 죽이기로 마음먹고 술을 잔뜩 먹이고 기름 붓고 불을 질렀는데 같이 방화한 사람 중 한 명은 도망갔고 정작 죽이려 한 사내는 반쯤 타서 나왔고 방화한 사람이 죽은 것이다. 오후에 방화범 거지가 잡혔다는 소식을 들었다. 며칠 뒤 화재의 사연을 가슴에 담고 포항을 떠나야 했다. 사업은 1987년 4월 4일 부도로 막이 내리고 강원도 동해에서 귀양살이를 하면서 가든식당을 운영했다.

1991년 7월 가스폭발 사고가 나서 외부에 있다 소식을 듣고 달려와 보니 식당 손님 한 사람이 너덜너덜 되어버렸다. 내 차에 싣고 병원에 가니 전신 화상이긴 하나 상처가 깊지 않아 건식으로 치료하는 방식으로 꽁꽁 붕대를 싸두었는데 환자는 고통 속에 몸부림쳤다. 다행히 이 사람은 흉 없이 잘 치료되었다. 1982년부터 1991년 10년 사이 내 차로 화상환자 3명을 실어 날랐는데 이렇게 사연이 달랐다. 그리고 무정한 세월이 흘러 2006년부터 하남시 남한산성 기슭에서 말에 미쳐 살았다. 말 19마리를 돌아가면서 타고 산으로 들로 돌아다녔다. 그 덕에 손목, 어깨. 갈비뼈를 분질러 먹고 119를 두 번씩이나 타 보았지만 말에는 스스로 명인이 되었다. 달리 생각해보면 나의 삶의 한을 그렇게 풀고 있었는지 모른다. 이웃에 휴지 도매하는 창고

가 있었다. 이 집 주인이 과거 주방장 출신이어서 우물 주물 음식을 해도 맛이 있었다. 음식을 얻어먹는 대가는 내 소유 산에서 나는 각종 나물은 이들 몫이었다.

휴지 창고에서 불조심을 안 해서 1982년 화재 사고를 예를 들면서 조심하라고 일렀다. 내 말 듣던 화물차로 배달을 하던 직원이 그 여자의 약혼자였단다. 그 사고로 집주인과 보상 문제로 거지가 되다시피 하였다고 했다. 내가 묻기를 장례식에서 관을 붙들고 울던 이가 자네였나 보네, 하며 그녀의 화재 현장의 마지막 모습을 전했더니 시큰둥했다. 자기 인생이 안 풀린 것이 그녀의 영혼이 따라다녔다고 했다. 굿도 하고 여러 처방을 했으나 효험이 없었다는 그에게 나를 통해 그녀의 마지막 모습을 들었으니 그녀가 영면할 거라는 말을 뒤로 하고 그는 자리를 떠나버렸다. 어렵고 힘들고 넉넉지 못한 시절 비극의 현장에서 겪은 나의 삶의 여정에서의 일이다.

– 2019. 3. 20.

국토순례기

이 영 도

올해도 10일간을 길 위에 있었다. 가장 찬란한 계절, 가을 단풍이 물들고 가을에 피는 꽃 국화가 형형색색 길가에 피어있어 가슴이 저리듯 가을임을 실감한다. 해 뜨는 동쪽에서 해지는 서쪽 끝까지 걸음은 주문진항에서 아침을 맞으면서다. 그리고는 더 걸을 수 없는 해지는 서쪽 끝까지의 여정이다. 오대산을 넘는 진고개는 정상이 960미터이니 은근한 가파름은 요즘은 그 길을 이용하는 이가 적어 잘 모른다. 고개를 넘어서면 월정사 상원사의 고찰과 계곡은 종교와 상관없이 많이 찾는 자연의 보고이다.

혼자 이 길을 가는 것은 묵언수행이 되고 나의 능력만큼 걷는 것이니 그냥 나의 일이라 편하다. 알릴 일도 자랑스러운 것도 아니다. 진고개 중턱에 이르니 1993년 겨울에 이 길의 사연이 생각난다.

나는 300여 명의 초 중생을 이끌고 이 고개를 넘고 있었다. 엎어지고 자빠지고 간다, 못 간다. 꾸러기의 대 잔치였다. 초등학교 5학년 머리 긴 여학생이 쓰러졌다. 나는 연극임을 알았고 다른 학생도 알았다. 왠지 나는 이 여학생이 측은하여 업고 걸었다. 한 시간쯤 지나니 미안한지 스스로 내려 걷겠다 하여 그의 연기는 여기서 끝이 났으나 그의 별명은 윤여옥이 되었다. 당시 드라마 여명의 눈동자 때문이었다. 눈 속에 쓰러진 극중 인물을 흉내 내었다 하여 내내 그 별명이 불렸고 지금도 나는 그녀를 윤여옥으로 기억한다.

스토리는 여기서 끝이 났으면 좋으련만 중1 오빠는 수양록에 꿈이 요리사라 하는데 받침이 하나도 없었다. 그 남매는 재일교포 자녀였으니 한국어가 서툴렀던 것이다. 긴 걸음은 메밀꽃의 마을 봉평, 양구두미재 너머 둔내, 횡성을 거쳐 경기도 첫 마을 청운에 도착했다. 단원들은 교실이 잠자리이고 식당이고 공부하는 곳이었다. 해가 저물기 전 학교 정문에 찾아온 이가 있다 하여 나가보니 여옥 남매 아버지였다. 그는 우리말을 한마디도 못했다. 자녀를 보고 싶어 왔단다. 불문율이 부모가 찾아오면 안 되는 것이다. 어렵게 그를 설득하고 나니 왜 그리 측은히 보였던지 나는 규정을 위반했다. 여옥이가 학교 현관에 나와 정문에 서있는 아버지에게 아빠라고 부르며 팔을 크게 흔들었다. 그는 처진 어깨로 돌아서 갔다.

이틀 후 우리들은 서울 천호대교를 건너고 있었다. 간밤에 꿈자리가 뒤숭숭했다. 한 아이가 머리를 다쳐 두 바늘 기웠는데 그것으로 꿈땜하길 바랐건만 여옥이 삼촌이 찾아왔다. 어제 교통사고로 여옥 남매 아버지가 돌아 가셨다고 했다. “아이고, 저승가기 전 자식 보려 온 걸 내가 못된 짓을 했구나.” 여옥 남매를 불러 한번 안아주고 아버지 소식은 말 못했다. 보름이 지나 수료식에 눈이 퉁퉁 부어있는 여옥이 엄마를 만났다. 스튜어디스를 하다 일본에서 교포 만나 자식 낳고 돈 벌어 성공해서 고국에 왔는데 사기꾼 만나 재산 잃고 사고로 남편까지 잃고 자식 둘 데리고 다시 일본으로 가야 한다고.

나는 26년 전 그 길 위에 서있다. 나의 걸음은 바삐도 아니요, 천천히도 아니다. 그냥 묵묵히 걷는다. 해질녘이면 그곳에 닫을 것이다.

옛날엔 나처럼 걷는 이가 많아 하루 걸음 끝에 주막에서 밥도 술도 잠자리도 같이했고 험한 산길은 서로 의지하여 무리를 지어 걸었을 것이니 서로가 힘이 되었으리라. 현대판 나그네는 산적도 없고 길도 좋고 신발도 좋으니 옛날과 비교가 되겠는가. 몸은 고달프지만 셈을 해보니 다리가 단단해지고 배낭 멘 어깨와 허리가 척추와 골이 파인 것이 근육이 살아났다. 적당히 땀이 배니 활기도 있다.

이만하면 67나이에 괜찮은 결과 아닌가. 순례길 길목은 차로 가면 보이지 않던 것이 보인다. 차로 달리며 버린 담배꽁초와 쓰레기가 길가 밭 언저리에 쌓여 농부를 노하게 한다. 빠른 자신만 믿는 고양이의 죽음, 겨울날 굴을 찾아가던 뱀이 도로를 건너다 차에 깔려죽고 고라니 죽음도 심심찮게 보인다. 순례길 내내 나의 화두는 자식에게 나는 어떤 아버지였나? 나의 처지와 자식 입장에서 곱씹고 또 곱씹었다. 우리 가족은 엄마가 빈자리였다. 극복해야 할 일이지 그것이 이유가 될 수 없다. 나의 요구는 복종을 원했고 서로의 역할에 충실하자. 너흰 공부하고 나는 아버지 역할에 충실하마. 학교 다녀온 자식에게 힘들지 위로 한번 한 적 없고 따뜻한 말 한마디 머리 한번 쓰다듬거나 안아 준적 없다. 비가 오던 눈이 오던 학교를 데려가거나 데려온 적이 없다. 난 항상 내가 더 힘들게 사니 자식이 나를 위로해야 한다고 생각했다.

내가 살아온 힘든 교훈의 길은 나의 길이고 자식의 길은 꽃길 속에 갈등이라고 믿었다. 자식들 입장에 서려니 배알이 틀렸다. 나는 내 부모에게 효자였고 항상 부모 걱정하며 산 나는 억울하다. 내 엄마 아버지가 반면교사이니 타협이 안 된다. 고단한 몸에 마음까지 무거워온다. 내가 부모 보살핌이나 사랑을 못 받아 보았으니 사랑할 줄을 아예 모르나 보다. 나의 고통을 자식과 공유하지 못했고 자식 이야기 들어주지 못한 죄를 나의 몫으로 남긴다. 서울 걸음에 멀직이 걷는 늙은 부부가 있어 아름다워 보였다. 가까이서 보니 아내가 풍을 맞았는데 남편이 의지가 돼주고 있었다. 부러운 마음이 들었다. 걸음은 더 갈 수 없는 인천 자유공원이다. 맥아더 장군 동상이 슬퍼보였다. 유치원 선생이 꼬마들 데리고 이 동상이 없어질지도 모른다고 가르치고 있었다. 돌아오는 길에 현충원에서 박정희 대통령 묘소에 들렀다. 그리고 한강을 바라보았다. 그래도 그이는 우리 민족에게 자신감은 심었다.

'원더우먼'을 아십니까 외 1편

이 수 인

원더우먼의 능력은 가히 대단하다. 신체적 능력은 말할 것도 없거니와 어떠한 초인적 공격도 거뜬히 막아내는 불멸의 생명력과 초월적 에너지를 지니고 있다. 이뿐만이 아니다. 원더우먼은 불편하리만치 여성으로서 아름답기 그지없으며 선량한 인성과 내면을 치유하는 능력마저도 갖추고 있다. 사냥이 기반이 되던 인류사회 변화를 기점으로 성 평등 의식이 자라나고 페미니즘 이론이 정립되며 '사회적 영웅=남성' 이라는 공식의 변화로 만들어진 산물인데, 이에 여성만이 가진 특수한 "애"의 기능적 요소를 더 하여 원더우먼은 남성보다 우월한 존재로 각인되었다.

나는 원더우먼을 지향했다. 원더우먼의 탄생 기원처럼 남성과 여성의 여권 평등에 있어서 페미니스트적 성향이 있었던 것이 아니라 나의 내면에 '남성성'이 가진 에너지도 정제되길 바라는 욕구가 있었다 할까. (나는 내가 남자로 태어났으면 보다 편안했을 것이라는 재미난 상상을 하곤 한다.) 이러한 성향은 내가 일을 하는 때에 최대치로 발휘되곤 하는데 내가 몸담는 남성호르몬 가득한 일터가 그 예이다. 그들은 첫인상에 비춘 나를 보곤 늘 의구심을 자아냈다. 성희롱에 가까운 발언까지 일삼으며 나의 여성성을 빌어 빈정거리며 이죽거리기

일쑤였다. 전쟁터와 같은 현장을 통솔하기엔 너무 '여자'라는 거다. 억울했다. '그대들은 정녕 나를 모르오.'

그 세계에 맞는 나만의 모드를 정해 손짓, 몸짓을 바꾸고 톤을 바꾸었다. 치마를 벗고 청바지를 입었고 구두를 벗고 운동화를 신었다. 그리고 그에 맞춰 전투 게이지를 한껏 끌어올려 남성 못지않는 걸걸한 말투도 당연히 장착했다. 내가 기울인 노력은 단지 그 뿐이었는데, 십여년의 세월이 지난 지금, 나는 그들에게 조금도 여자가 아니다. 그저 무늬만 여자란다. 시집가긴 다 틀려 보인단다. 이젠 역설적 성희롱에 가까운 말들을 내 뱉는다. 그들에게 무언가 여자로서 아주 홀딱 깨버린 게다. 내 모드전환이 과했던 모양이다.

나는 여성이 갖는 여성성 또한 포기하지 않는다. 날씬한 몸매와 여리한 선, 섹시한 발목과 목선, 하얀 피부와 긴 머리칼을 지향하고 여자는 '애교는 필수요, 경청과 자애로움은 의무이고 외모는 사명'이라는 남성 시각적 발언도 서슴지 않는다. 그래서 남성시각적에 편향된 나의 여성성을 무기로 나는 여자로서 행복한가? 서른여섯의 나이, 또래들이 가진 남편도 아이도 없다. 자랑할 성적표는 못 되니 이 모드 또한 능사와 답은 아닌 듯 하다.

남성성 가득한 흑, 여성성 가득한 백, 이 극단적 모드를 넘나들며 반전 매력이라는 합리화를 일삼는 행태는 어디서 비롯된 것일까? 그 요소들을 헤집어보면 승부욕과 쟁취욕이 뒤섞인 일련의 욕망, 애정결핍에서 오는 인정받고자 하는 욕구, 남성을 지배하고픈 심리 등이 존재하리라. 김정운 저자 『가끔은 격하게 외로워야 한다』를 보니 그 이유에 대한 간단하고 명료한 해석을 발견할 수 있었다. 바로 항등성에 관한 해석인데, 항등성이란 맥락이 달라져도 물체가 가진 속성을 지속해서 지각하는 경향을 뜻한다. 이를 '사랑' 영역에서 이르자면, 저자의 친구가 피아노를 연주하는 여인의 목덜미를 보고 사랑에 빠져 결혼에 이르나 시간이 흐른 후 더 이상 '목덜미 항등성'이 작동하지 않아 이혼에 이르게 되었다는 웃픈 예시가 있었다. 나는 이 항등성에서 컷오프 되고 싶지 않는 욕구와 함께 본능적인 생존 욕구를 작동시켜 '원더우먼' 같은 카멜레온 색깔을 갖고 싶은 것이라는 결론에 다가섰다. 하지만 진정한 '자신', 내 가슴과 영혼 속 스스로를 정의하는 '나'는 어떠한 사람인가? 라는 고민에서 나는 답을 얻을 수가 없다.

자연스러움은 '스스로가 그러하다'라는 의미로 다가선다.

원더우먼을 지향하던 카멜레온의 20대를 지나오며 자연스러운 나만의 색깔의 갈증, 그것은 나의 30대의 숙제이다. 나 자신이 편안하여 타인에게도 자연스러울 중년을 꿈꾸며 '나'를 찾아야 한다. 일본에서 지내는 4년의 시간이 그에게 참으로 외로웠으나, 인생에서 가장 생산적인 시간을 보내며 외로움을 담보로 얻어낸 성과물이었다는 저자 김정운의 말처럼 나도 이제 '원더우먼 코스프레'를 벗어내고 고립을 통한 몰입의 기쁨을 만날 시기가 된 것일까?

– 2019. 3. 14

그렇군요, 그랬구나

이 수 인

해외영화를 보다보면 엄마 손에 있는 간식을 달라고 짜증 섞인 응석을 부리는 아기에게 엄마는 묻는다. "what's the magic word?" 이내 아이는 편안한 표정으로 양손을 곱게 모으고 친절한 표정으로 말한다. "mommy, please."

magic word는 마법사들의 '주술, 주문'이라는 뜻을 가진다. 그만큼 강력하여 마법을 부린 듯 신비한 현상을 만들어내는 말이라는 의미이다. 그래서 칭얼거리는 아이가 엄마에게 공손한 표정으로 'Please'를 외치면, 아이는 짜증과 응석의 대가로 혼이 나는 것이 아니라 원하는 것을 얻는 표현법을 배우는 훈육의 시간이 된다. 더불어 때때로 간식까지 득템하게 되니 아이에겐 참으로 운수 좋은 말이 아닌가.

나는 올해로 열 살 난 하얀색 강아지 두 마리를 키우고 있는데, 나와 살을 부대끼며 열 번의 사계절을 겪었으니 사람보다 빠른 눈치를 가졌다 해도 과장은 아니다. 나의 목소리와 표정, 눈빛만으로도 무슨 말을 하는지, 어떤 기분인지 알아채곤 한다. 이렇게 긴 시간 교감을 나눈 관계이니 이 녀석들도 주인 사용법이 터득이 되는 모양이다. 원하는 것이 있으면 그 앞에 가 앉아 '기다려' 자세를 하곤 나를 빤히 바라본 채 미동도 않는다. 산책을 나가고 싶을 때는 목줄 앞에 가서

'기다려'를, 간식이 먹고 싶을 때는 냉장고 앞에 가서 '기다려'를 한다. 그것으로 부족한 날에는 앞발을 들고 키를 높여 앉아 한참을 기다린다. 원하는 것을 들어주지 않는다고 하여 칭얼거리거나 짖거나 응석을 부리지 않는 것이 제법이나 신비롭다. 아마 나와 이 녀석들 사이 '기다려'가 가진 엄청난 힘을 믿는 것만 같은 그런 눈빛이다. 훈육을 할 때 '기다려'라는 말을 잘 듣고 인내하면 먹을 것이 나온다는 득도를 한 모양인지. 그렇게 이 녀석들과 나 사이의 마법의 언어는 '기다려'가 되었다.

사람과 사람 사이에도 별 것 아닌 듯 그렇지만 엄청난 믿음을 형성하는 단어가 있다. 내게 안도감을 느끼게 해주는 말이 있다면 "그렇군요."와 "그랬구나." 이 두 가지 즈음 된다는 것을 최근에서야 깨달았다. 어쩐지 나의 의견을 들어주고 있다는 안도와 이해를 받는다는 기분이 들어 성난 감정이 몰려들다가도 이내 마음의 공간이 넓어지고 편안해진다. 그럴 때면 상대와의 대화의 폭은 넓어지고 어떤 말이든 해도 비난 받지 않을 것이라는 안정마저 찾아온다. 아마 이 말은 내게 "나는 당신을 존중합니다." 라는 의미를 담고 있는 듯하다. 얼마 전 남자친구에게 성난 모양을 마구 내뿜다 "그렇군요."와 "그랬구나."도 통하지 않을 만큼 성을 냈는데, 씩씩거리는 내게 남자친구가 말했다. "떡볶이 먹을래요?" 내가 가장 좋아하는 음식인 떡볶이와 나의 magic word가 합쳐지자 그 힘은 실로 강력하여 나는 아이스크림처럼 녹아내릴 수밖에 없다. 마치 위급한 상황에 거는 119 같은, 카드게임의 조커 패 같은, 모르는 기계의 사용 설명서와 같이때론 엄청난 위기 상황을 극복하는 마법의 패가 되는 것이다. 그렇게 별일을 별일 아닌 듯 만들어내는 내 magic word를 터득하고 나니 예민한 내가 많은 것들이 수월해지고 한결 가벼워지는 기분이 참으로 반갑다.

재미있는 상상을 해본다. '사람의 뒷모습에 작은 모니터가 있어서 각자의 magic word 띄워두고 다닌다면 세상은 좀 더 친절해지고 행복해지지 않을까?'라는. 내가 가는 단골 주유소 사장님의 magic word는 "대단히 감사합니다."이고 티격태격 싸우는 25년 지기 친구에게는 "미안해 그리고 고마워" 라는 것, 우리 가족의 magic word은 "우리는 언제나 편이에요." 라는 것쯤을 이제야 알아가고 있는 나는 어쩌면 많은 관계로부터 편안해 질지도 모른다는 기분 좋은 예감이 든다.

그대들의 magic word는 무엇인가요?

수필 수업 외 1편

강 선 미

삶의 폭이 너무나도 좁은 나에게 책을 통한 간접 경험은 중요하다. 책은 인간 세상에서 한 뼘쯤 올라가 공중부양하고 있는 나를 현실 세계로 끌어당겨, 세상과 소통시켜주는 유일한 창구이다. 책을 읽으면서 나는 나를 이해하고 타인을 이해한다. 이해할 수 없는 사람들을 이해해보고자 노력한다. 나에게 책의 중요한 의미 중 다른 하나는 위안이다. 나랑 비슷한 일을 겪은 사람, 비슷한 성격을 갖고 있는 사람을 보면서 얻는 위안. 이 세상 어디에 또는 소설 속 어딘가에 나와 같은 사람이 있다는 것이 어떤 위로의 말보다, 행동보다 더욱 위안이 된다.

그러면서 생각했다. 나도 누군가에게 위안이 될 수 있는 글을 쓸 수 있을까? 누군가 내 글을 읽고 웃었으면 좋겠다. 따뜻한 위로를 받을 수 있으면 좋겠다. 그렇다면 아무 의미 없어 보이는 내 인생에 흐릿한 점 하나라도 남길 수 있을 것이다. 인생에 꼭 무슨 의미를 남겨야 하는 것은 아니지만, 필멸의 존재인 인간이 불멸의 존재를 꿈꿀 수 있는 것은 예술을 통해서 가능하다고 생각한다.

혼자 끄적이는 글이 아니라면, 누군가 읽어 주기를 바라는 글을 쓰려면, 기본은 배워야겠다 싶은 마음에 글쓰기 수업을 찾았다. 무언가를 배워서 새로 시작하기엔 너무 늦은 나이는 아닐까 하는 걱정이 있었지만, 마흔에 등단하셨다는 소설가 박완서 작가님을 생각하며 다시 용기를 냈다. 우습게도 전에는 무언가 시작하겠다는 계획을 미루고 싶을 때 박완서 작가님의 늦은 등단을 들먹이곤 했었다. 불혹에 등단하신 작가님도 있는데 나는 아직 십 년이나 남았네, 아직 오 년이나 남았네 하면서 미루고 또 미루었다. 그러다가 이제 불혹을 코앞에 두고서 뭐라도 시작하자는 다급한 마음으로 글쓰기 수업을 붙잡았다.

나는 어떤 글을 쓸 수 있을까? 소설은 상상력이 풍부해야 할 것 같고, 시는 천재들의 영역인 것 같았다. 수필? 수필은 타고 난 재능보다는 노력에 기대는 문학이라 생각되었다. 수필이라면 나도 쓸 수 있을 것 같은 근거 없는 자신감이 생겼다. 잘 다듬어진 일기, 남에게 보여줄 수 있는 일기라고 수필을 쉽게 정의 내렸다. 다른 어떤 문학 장르보다 만만해 보여서 난 수필 수업을 듣기로 했다.

수필 수업 첫 시간, 내 예상대로 흘러가는 것은 아무것도 없었다. 역시 세상에 만만한 것은 없다. 교실에 들어가는 순간, 너무 늦은 나이는 아닐까 하는 걱정은 그야말로 괜한 걱정이었음을 깨달았다. 아무리 둘러봐도 나보다 어린 사람이 없는 것 같았다. 다른 수강생들에게 나는 막둥이 동생도 아닌, 늦둥이 자식뻘이었다. 세대 간의 소통이 단절되다시피 한 세상에 어르신들과 내가 공감할 수 있을까 고민되었다. 당황스러워하는 나를 더 당황스럽게 하는 교수님의 한 마디.
"수필은 노년의 문학입니다."

내 발밑 바로 앞만 내려다보고 살아온 내가 여기 앉아 있어도 되는 건가, 고민이 깊어졌다.

그렇게 일주일이 지났고 내일은 수필 수업 두 번째 시간이다. 막막한 마음에 피천득 작가님의 '수필'이라는 글을 읽었다.

"수필은 청춘의 글은 아니요, 서른여섯 살 중년 고개를 넘어선 사람의 글이다."

다행히 난 수필을 쓰기 위한 나이 커트라인을 3년이나 가뿐히 넘어선 사람이었다. 그렇다면 수필 수업에 한자리 차지하고 앉아 있는 내 모습을 겸연쩍어하지 않아도 되는 나이인 것이다. 이렇게 자의적인 해석을 해버리고 나는 또 책에서 위안을 찾은 것이다. 수필 수업이 나에게 '책'과 같은 존재가 되기를 바란다. 위안이 되는 시간이기를, 인간에 대한 이해가 깊어지는 시간이기를 바란다. 좋은 수필을 읽으면 작가가 좋은 사람임이 느껴진다. 나는 먼저 좋은 사람이 되어야겠다. 어쩌면 내가 수필 수업을 통해 배우려던 기본은 그것인지도 모르겠다.

월정사 전나무숲길

강 선 미

오대산 월정사에는 유명한 전나무숲길이 있다. 일주문부터 시작되는 이 길은 천왕문 근처 금강교에 이르기까지 약 1km 거리에 달한다. 몇 백 년을 살아온 전나무들이 하늘 높은 줄 모른다는 듯, 큰 키를 뽐내며 하늘을 다 가리려는 듯 울창하게 서 있다. 길은 판판하게 다져진 단단한 흙길이라 걷기에 좋고, 길 옆으로 흐르는 맑은 계곡물 소리가 듣기에 참 좋다. 이 길을 걸으면 몸과 마음이 순하게 치유되는 느낌이다. 그래서 강원도에 올 일이 있으면 종종 들러 아름다운 자연을 느끼며 좋은 기운을 받아 돌아가곤 했다.

'석 · 가 · 모니 · 불!'

고요한 전나무 숲에 악쓰는 소리가 쩌렁쩌렁 울렸다. 옛날 머슴 복장을 한 행자들이 줄지어 가며 말로만 듣던 삼보일배를 하고 있었다. 그리고 그 행렬 속에는 울며 악쓰며 절하며 걷고 있는 재작년의 내가 있었다.

단기출가! 바로 이 월정사에서 스님이 되기 전 수행 과정인 행자 생활을 일주일간 했다. 휴대폰과 지갑 등 속세의 물건을 압수 당하고, 오로지 수행, 오롯이 나에게만 집중하는 시간이었다. 엄격한 규율과 단체생활, 새벽 기상과 몸을 혹사시키는 수행 등, 내가 싫어하는 모든 것이 총망라되어있는 이곳에 내 발로 걸어 들어왔다. 내가 남을 바꾸는 일이 불가능함을 인정하고, 그렇다면 내가 나를 바꿔 볼까? 내가 바뀌면 관계도 바뀌지 않을까 하는 심정에서였다. 하고 싶은 것만 하고, 하기 싫은 것은 피하는 나를 좀 깨부수고 싶었다. 새로운 나를 만나고 싶었다.

나에게는 대단한 도전이고 기특한 시도인 이 출가 체험의 첫 고비가 바로 전나무숲길 삼보일배였다. 난생 처음 하는 삼보일배가 너무 힘이 들어 전나무도 눈에 들어오지 않고, 계곡 흐르는 소리도 귀에 들어오지 않았다. 걷기 좋다 극찬했던 흙길은 절할 때마다 무릎과 손바닥을 아프게 할 뿐이었다. 이를 악 물고 '석가모니불'을 외치며 세 걸음을 걷고 한번 절을 했다. 이 길이 언제 끝나나 하는 생각뿐이었다. 그렇게 주저앉으려는 몸을 억지로 일으켜 세워 앞으로 나아가다 보니 어느새 나는 울고 있었다. 힘들어서 울었다기보다는 불교에서 말하는 '下心'이 무엇인지 조금은 알 것 같아 울음이 터졌던 것 같았다. 무릎을 꿇고, 손과 이마를 땅바닥에 대면서 마음을 내려놓았다. 세상 가장 낮은 곳에 나를 내려놓았다. 물론 내 울음의 70프로쯤의 지분은 '이 프로그램을 신청한 나를 죽이고 싶음'에 있었다는 것은 부정할 수 없겠다. '왜 이걸 한다고 해서 내 돈 내고 이 고생을 하나, 내가 미쳤지.'하며 스스로를 원망했다. 그러다 '아, 나 힘들려고 여기 왔지? 몸이 힘들면 마음이 좀 안 힘들까 해서 왔지.'하는 생각이 들었고, 그것은 진리였다. 삼보일배로 가는 전나무숲길이 끝나갈 즘에는 오히려 아쉬운 마음이 들 정도였다. 끝없이 절하고 또 절하고 싶었다. 몸이 아프다 못해 부서져 버렸으면 좋겠다 생각했다. 그러면 마음이 날아갈 듯 가벼워질 것만 같았다. 막판에는 비까지 내려 더욱 드라마틱했던 눈물의 삼보일배는 월정사 전나무숲길에 대한 새로운 이미지를 내 마음에 각인시켜주었다.

그 후로도 출가 체험 내내 전나무숲길 포행 시간이 하루 한두 번 이상 주어졌다. 특히 인적 없는 새벽에 전나무숲길을 걸으면 너무 좋아 황홀할 지경이었다. 새소리와 물소리가 귓속을 지나 마음속까지 파고 들어오고, 물기를 머금은 촉촉한 흙과 풀, 나무의 냄새가 싱그러웠다. 삼보일배가 아닌 직립보행으로 가니 더욱 이 모든 것이 감사하게 느껴졌다. 길은 분명 어제와 같은 그 길인데도 말이다. 스님들께서 이른 새벽부터 비질로 다져놓은 흙길을 맨발로 온전히 땅바닥을 느끼며 걸었다. 처음에는 조금 따갑고 아프지만 걷다 보니 편안해졌다. 절에서의 생활은 고통스러움과 평안함의 반복이었다. 우리의 인생과 같다 생각했다. 아침 먹으러 나온 다람쥐들에게 먹이를 주기도 하고, 마음에 드는 나무 하나를 골라 기대어 서서 나무가 하는 말을 들어보기도 했다. 흐르는 계곡물을 한참 바라보며 흐르는 것이 시간인가 나인가 하는 선문답도 해보고, 숲이 내뿜는 맑은 공기를 있는 힘껏 들이마시기도 했다. 그렇게 자연의 위로를 받으며 나의 출가 체험도 막바지를 향해 가고 있었다.

월정사에서의 마지막 밤, 내가 가장 기대했던 프로그램인 '전나무숲길 별빛 포행'을 했다. 관광객들도 다 나가고, 숲길의 모든 조명도 다 꺼진 시간. 깜깜한 전나무숲길을 별빛에 의지하며 걸었다. 스님의 이런저런 좋은 말씀을 들으며 걷다가 일주문 앞에서 자리를 깔고 누워 별을 보았다. 별은 서서 볼 때 보다 앉아서 볼 때, 앉아서 볼 때 보다 누워서 볼 때 더 많이 보인다고 한다. 몸이 편하면 시력으로 에너지가 집중될 수 있기 때문이다. 그런데 출발하기 전부터 배가 부글 부글 거리며 아프던 것이 갈수록 뱃속이 아수라장이 되어 도저히 집중할 수가 없었다. 아무도 없는 깜깜한 전나무숲길을 별 보며 걸어갈 수 있는 기회가 쉽지 않은데, 소중한 시간을 뱃속 번뇌로 괴로워하며 날려 보내다니 아쉬웠다. 스님의 좋은 말씀도, 쏟아지던 별들도 뱃속 번뇌에 묻혀 가물거리고, 지금은 절 입구 쪽 숲길 끝에 다다라 화장실을 만났을 때의 반가움만이 기억에 남는다. 극락이 따로 있나. 내 뱃속 편하게 살면 그곳이 극락이라는 신선한(?) 깨달음이었다.

시간이 지나면 월정사 전나무숲길은 또 나에게 어떻게 기억될까? 아름다운 자연이 있는 곳, 울분을 터트리던 장소, 치유의 장소, 깨달음을 얻은 곳. 언젠가는 또 다른 기억으로 남게 되더라도, 분명한 건 월정사 전나무숲은 언제나 제 품을 활짝 열어 나를 안아 줄 거라는 확신이다. 스스로 그러한 모습을 하고 늘 그 자리를 지키고 있을 거라는 믿음이다.

세상 모든 깨달음을 얻은 듯 의기양양하게 하산한 나는 한동안 부처님 수제자라도 된 것처럼 굴었다. 주변 사람들에게 무소유의 자유로움과 자연 속 생활의 치유력, 수행하는 삶의 고귀함 등을 설파했다. 아직 2년이 채 안 지났는데, 그때 그 마음들은 다 어디로 간 걸까? 월정사 전나무숲길에 가면 달아난 마음들을 찾을 수 있으려나. 때가 되었나 보다. 또다시 괴나리봇짐을 꾸려야겠다.

무지개 외 1편

신 영 애

울산에 가기 위해 하루 휴가를 냈다. 명절 연휴 뒤에 휴가를 신청하면서 눈치가 보였다. 그래도 휴가를 신청한 이유는 울산에 엄마가 계시기 때문이다. 정확하게 말하면 엄마가 울산에 있는 병원에 입원하셨기 때문이다. 전날 저녁부터 꾸물꾸물하던 날씨였다. 아침에 일어나 베란다 창문을 여니 보슬비가 내렸다. 우산을 쓰고 지나가는 사람도 있고 그냥 가는 사람도 있었다. 뉴스에서는 오후는 맑게 갤 거라고 한다. 우산을 들고 갈까 말까 잠깐 생각하다가 두고 가기로 했다. 비는 우산을 쓰지 않고 걷기에는 내린다는 생각이 들 정도로 내렸다. 빠른 걸음으로 걸었다. 전철역에서 SRT를 타기 위해 이동하는 동선은 지하로 연결이 되어 있었다. 빗줄기가 제법 굵어졌는가 보다. 사람들이 들고 있는 우산에서 물이 뚝뚝 떨어진다. 울산역에는 오빠가 마중을 나와 준다고 했으니 우산은 사지 않아도 될 듯했다.

올해 여든이신 친정엄마는 그동안 동생네 집에서 계셨다. 우리 형제는 오 남매다. 엄마에게 있어서 자식은 큰오빠와 막내 여동생뿐이라고 생각될 정도로 엄마는 다른 누구보다 큰오빠와 동생에 대한 애착이 강하시다. 그동안 엄마를 모시고 있던 큰오빠가 사업이 어려워지면서 엄마는 막내딸네 집으로 거처를 옮기셨다. 언니와 작은오빠가 아무리 모시겠다고 해도 막무가내이신 엄마를 설득시킬 수가 없었다. "엄마에게 우리는 덤으로 얻은 자식이야." 작은오빠는 서운한 마음에 툭하면 그렇게 말했다.

지난여름, 갑자기 건강이 악화된 엄마는 여름이 끝나갈 무렵 기어코 병원에 입원하셨다. 폐렴이라고 했다. 오래된 감기를 제때 치료하지 않아서 그렇다고 했다. 그렇게 되기까지 자식들 아무에게도 말씀하지 않으신 엄마다. 아무리 추워도 잠깐잠깐 바깥 운동도 게을리 하지 않으시고 건강관리에 신경을 많이 쓰고 계셨기에 믿고 있었다. 막냇동생은 마치 자신의 잘못인 듯 죄인처럼 아무 말도 못 하고 있었다. 기력이 많이 쇠잔해지신 엄마는 병원에 열흘가량 입원하셨다. 비록 정정하지는 않으셨어도 두 발로 걸어서 들어가셨는데 불과 열흘 사이에 걷는 힘을 잃어버리고 휠체어에 의지하고 계셨다. 지병으로 당뇨가 있었기는 하지만 그동안 식단을 잘 조절하신 덕분에 큰 병 없이 건강하게 지내오셨다. 폐렴이 완치되어 퇴원할 무렵 병원에서는 엄마의 건강을 염려하여 요양병원에 모실 것을 권하였다. 24시간 전문 의사가 있고 요양 보호사의 도움을 받을 수 있으며 식단 및 건강에 대한 꾸준한 관리가 당분간 필요하다는 것이었다. 우리 형제들은 서운한 마음을 감출 수가 없었다. 당연히 집으로 모셔야 한다고 생각을 했다. 그러나 낮 동안 돌 볼 사람이 없어서 논의 끝에 당분간 요양병원에 모시기로 하였다.

처음 가본 요양병원. 거동이 불편한 노인 환자들이 대부분이었다. 왠지 가족과 사회로부터 단절된 폐쇄된 공간 속에서 삶을 보내고 있는듯하여 울컥한 마음이 들었다. 삼시 세끼 병원에서 제공되는 식사를 하고 요양보호사와 간혹 가족의 도움을 받은 상태에서 겨우 휠체어에 몸을 맡기고 바깥출입을 할 수 있는 신세가 된 엄마를 보았다. 참으로 삶의 의미가 무엇일까 하는 생각이 들었다. 마치 자유를 차단당하고 새장에 갇힌 새가 된 듯하였다. 오빠는 엄마를 집으로 모셔가기 위해 의사 선생님과 상담을 하러 갔다. 언니도 잠시 자리를 비우고 엄마와 나만 남겨졌다. 엄마가 갑자기 내 손을 잡고 "나 그냥 여기 병원에 계속 있으면 안 될까?" 하셨다. 엄마는 막냇동생 집이 아니면 그냥 병원에 계시겠다는 것이었다. 아무리 엄마에게 자식은 큰오빠와 막냇동생뿐이라서 언니와 작은오빠와 나는 덤으로 얻은 자식이라고 하지만 퇴원하여 작은오빠네 집으로 모실까 봐 불편해하셨다. 누구에게나 아픈 손가락이 있듯이 편한 자식도 있나 보다. 엄마의 고단하고 외로우셨을 삶이 전해왔다. 지금의 내 나이보다 10살이나 더 젊은 나이에 홀로 되어 다섯 자식을 키워내기까지 녹록치 않았을 엄마의 삶. 얼마나 두렵고 힘드셨을까. 감히 짐작도 되지 않는 엄마의 인생. 화무십일홍이요 달도 차면 기운다더니 그렇게 정정하시던 엄마는 몇 년 사이에 아이가 된 듯이 누구의 도움 없이 혼자서는 거동조차 하기 불편해지셨다.

중학교 시절 어느 날 엄마가 싸주신 도시락 반찬이 마음에 들지 않아 안 가지고 간다면서 쌩하고 학교에 갔었다. 다른 친구들은 계란프라이도 싸오는데 나는 매일 김치와 멸치볶음이라고 투덜대었다. 어쩌다 김칫국물이라도 흘리는 날이면 몇 날 며칠을 투덜대면서 도시락 투정을 하는 못된 딸이었다. 점심시간 누가 찾아오셨다는 말에 나가보니 엄마가 일하시다 말고 오신 듯한 모습으로 계란말이가 곱게 들어 있는 따뜻한 도시락을 건네 주셨다. 네가 좋아하는 것을 싸왔으니 얼른 들어가서 친구들이랑 나눠 먹으라고 하셨다. 고마운 마음보다 누추한 모습에 화가 나서 도시락을 낚아채듯이 받아들고 인사도 없이 쌩하고 교실로 돌아왔다. 누구냐고 묻는 친구들에게 대답도 하지 않은 채 도시락을 열어보지도 않고 그대로 가방에 넣어 집까지 가지고 갔다. 엄마가 설거지하기 위해 도시락을 열어보시면서 왜 점심을 먹지 않았느냐고 걱정스럽게 말씀하셨다. 나는 뾀쭘한 채로 오도카니 서서 심술궂은 표정으로 도시락을 노려보았다. 살면서 두고두고 후회하던 그 일을 엄마도 기억하고 계셨다. 빠듯한 살림이라 너한테 계란 반찬 하나 맘껏 못해주어서 미안했다고. 엄마는 늘 못 해준 것을 기억하시고 많이 가르치지 못해서 미안하다고 하셨다. 엄마가 해주시던 밥을 먹고 함께 살던 때가 30년이 훌쩍 넘었건만 엄마는 아직도 나를 보실 때마다 어릴 때 모습 그대로라고 하신다. 나는 그만큼 내가 철딱서니가 없다는 것으로 생각하고 엄마는 여전히 이쁘다고 해석해 주신다. 고등학교 졸업 후 떨어져 살던 세월만큼 그리움으로 지새우셨을 엄마의 마음. 바쁘다는 핑계로 드문드문 전화할 때면 수화기 너머로 전해져 오던 애틋한 목소리. 곰살맞지 못한 둘째 딸에게 "사랑해~"라 하시면서 보내주신 하트에 울컥 눈물이 났다.

새장의 새는 아무리 목청을 뽑아도 그건 노래가 아니라 울음에 지나지 않음을. 사는 동안 하고 싶은 거 하고, 가고 싶은 곳 가고, 먹고 싶은 거 맛나게 먹고 즐겁게 사는 인생. 그 단순한 삶을 엄마가 이제는 못 하신다고 생각하니 인생무상 새옹지마가 별거인가 싶었다. 엄마에게 가장 편안한 환경, 엄마가 계시고 싶은 곳에 계실 수 있도록 해드리겠다고 약속했다. 병원을 나오니 언제 비가 왔냐는 듯이 해가 쨍하다. 어렸을 때의 까탈스럽고 변덕스러운 나 같았다. 비가 그쳐서 다행이라고 생각했다. 엄마를 두고 돌아서는 걸음에 시야가 뿌옇게 흐려졌다. 눈물을 참으려고 고개를 들었다. 하늘 저편에 무지개가 걸려있다. 어렸을 때 뭔가 보기 드문 별똥별이나 무지개 같은 걸 보면 소원을 빌었던 게 생각이 났다. 비 온 뒤의 햇살과 함께 곱게 피어난 무지개처럼 엄마의 삶도 평화롭고 아름답게 물들어 갔으면 좋겠다고 생각했다.

휴식 하나 사야겠다

신 영 애

초등학교 때쯤이었나 보다. 우리 집에 TV가 들어왔다. 나무로 된 케이스에 자바라 손잡이가 있고 네 다리가 있는 금성 흑백TV. 그보다 훨씬 전 아버지는 'GOLD STAR' 마크가 찍힌 전축을 들여놓고 나훈아의 '사랑은 눈물의 씨앗', '고향 역', '가지 마오'나 남진의 '님과 함께', '가슴 아프게', '마음이 고와야지'를 온 동네 사람들이 다 듣도록 크게 틀어놓고 듣기를 좋아하셨다. 우리 집 앞을 지나가던 이웃 어르신들은 그 노래를 듣고 아버지가 먼 외지에서 돌아오셔서 집에 계시는 것을 알 수가 있던 때였다. 그 이후 조용필의 '돌아와요 부산항에'도 한참 들었던 기억이 있다. 아버지께서 먼 길 출타 중이시면 엄마는 이미자의 노래를 틀어놓으신 채 포목점에서 끊어온 예쁜 천으로 나와 내 동생의 원피스를 만들어주셨다. 때로 패티킴이나 하춘화, 김세레나의 노래를 틀어놓고 털실로 겨울 바지나 조끼를 떠주기도 하셨다. 그때 엄마가 즐겨 들었던 이미자의 '아씨'나 '열아홉 순정' '섬마을 선생님', '동백아가씨'는 지금도 내가 가끔 흥얼거리는 노래이다. 그렇게 전축이 유일한 낙이었던 아버지께서 어느 날 그 'GOLD STAR' 마크가 찍힌 TV를 들여놓으신 거다. 이유는 딱 하나. 당시 유명했던 박치기왕 김일 선수의 레슬링을 보기 위해서였다. TV

가 없었을 때 아버지는 엄마와 영화 구경을 즐겨 가셨는데 종종 나를 데리고 가셨다. 아버지는 집에 계실 때 레슬링을 하지 않는 날이면 뉴스나 드라마를 즐겨 보셨다. 나시찬 주연의 전쟁드라마 '전우'를 보거나 구미호가 나오는 '전설의 고향'을 볼 때면 일찍 저녁을 물린 동네 어르신들은 고구마나 감자, 옥수수를 바구니에 담아 들고 우리 집 마당으로 모이셨다. 그러면 아버지는 안방에 있던 티브이를 마루에까지 끌고 나와서 틀어주셨다. 그런 날이면 밤늦도록 우리 집에는 불이 꺼지지 않고 엄마는 괜히 부엌을 왔다 갔다 하시면서 숭늉에 때때로 식혜를 대접하곤 하셨다. 그렇게 TV는 나에게 있어서 아버지를 생각하면 빼놓을 수 없는 추억의 물건이다.

결혼하고 두 아이의 엄마가 되었다. 큰 애가 초등학교 4학년 때였다. 학년이 올라 갈수록 책이 많아져서 책장이 부족하게 되었다. 아이들은 거실 한쪽을 차지하고 있는 TV를 보면서 아무도 보지 않는데 없애자는 거였다. 당시만 해도 드라마를 즐겨보는 편이 아니었지만, TV를 켜놓고 소파에 드러누워 있으면 수면제 역할도 곧잘 했다. 그리고 아침 출근 전 뉴스를 보기 위해서 잠깐잠깐 틀어 놓기도 했는데 그것을 없애자는 거였다. 책이 많아서 여기저기 쌓아 두느니 TV를 없애고 책장을 놓자는 거였다. 34평 아파트에 책이 많으면 뭐 얼마나 많았을까. 가족회의 끝에 거실에서 TV를 내오던 날 옆집 할머니는 새로운 걸 장만하느냐고 물어보셨다. 아예 없애는 거라고 말씀드렸더니 심심해서 어쩌누 하셨다. TV를 없애고 나서 우리는 주말이면 책을 읽었고 어쩌다 시간이 나면 여행을 갔다. 아무도 TV가 없다고 해서 불편해하지 않았다. 다만, TV가 없으면 가족 간의 대화가 많을 것 같았으나 실상은 그렇지 않은 아쉬움도 컸다. 학년이 올라갈

수록 아이들은 주말이면 학원에 다니느라 늦게 귀가했다. 시간이 흐르면서 언제부터인가 TV가 밀려난 자리는 스마트 폰이 자리를 하게 되었다. 그리고 스마트폰의 DMB 기능이 때때로 TV의 기능을 대신할 때도 있었다.

아이들이 고등학교를 졸업하고 대학교에 갔다. 자기들만의 시간을 갖고 생활하다 보니 남편은 퇴근 후 딱히 즐길 만한 것이 없어서였는지 TV를 즐겨보기 시작했다. 물론 휴대폰 DMB 기능으로. 나는 애들이 다 컸으니 거실에 책을 좀 정리하고 TV를 다시 들여놓자고 했다. 가족이 모두 동의를 했다. 유아 시절의 책이나 어린이 동화책들은 사촌과 이웃들에게 물려주기도 하고 초등학교에 기부하기도 했다. 그러나 책을 놓는 위치만 바뀌었을 뿐, 공간이 그다지 늘어나지 못했다. 결국 TV를 사느니 마느니 하던 일들은 다시 유야무야 없던 일이 되어버렸다. 가끔 친구들 모임에서 요즘 핫하다는 드라마 얘기를 할 때가 있다. 그럴 때면 우리 집은 TV가 없다고 말하면서 영세민 구제하는 셈 치고 티브이 하나 선물하라고 너스레를 떨었다. 그러나 정작 누가 선물해준다고 해도 TV를 둘 자리가 아직 없다.

TV를 바보상자라고 하던 때가 있었다. 그냥 아무 생각 없이 보기만 한다고 그러는 듯하다. 그러나 TV의 악영향만 있는 게 아니다. 정보의 홍수화 시대에 사는 요즘. 휴대폰의 작은 글씨가 불편한 사람들은 TV를 통해서 새로운 정보를 얻거나 도움을 받기도 한다. 뉴스, 날씨, 경제정보, 교양, 건강 등 TV는 수많은 콘텐츠를 다양한 방법으로 보여줌으로써 간접 경험을 하게 도와준다. 예를 들어 우리가 가보지 못한 세계 각국의 풍경이나 풍물을 접한다거나 드라마 시청을 통해 드라마 속 캐릭터들의 인생을 간접적으로 경험해 보는 것이다. 바쁘게 살아가는 현대인에게는 뇌의 휴식이 필요하다. 그럴 때 휴식의 방법으로 여행이나 명상, 멍하니 있기 등 뇌를 잠깐 동안 비워두기를 해야 한다고 생각한다. 가벼운 예능이나 다큐멘터리 혹은 드라마를 보면서 뇌의 수동화를 시킴으로써 쉬어보는 것도 괜찮다고 생각한다. 물론 스트레스를 해소하는 방법으로 TV보다 매력적인 일들도 많다. 책을 읽고 여행을 하고 운동을 하거나 동네를 산책하는 일. 그러나 그 모든 상황을 떠나서 때때로 온가족이 모여 TV를 시청하면서 다양한 이야기를 가볍고 즐겁게 해보는 것도 좋겠다. 지금 와서 생각해보면 아버지는 오랫동안 타지에서 계시다가 오랜만에 집에 오셔서 그저 휴식이 필요하셨던 것 같다. 그 휴식을 위해 전축을 들이고 TV를 들여놓으셨던 게 아닐까. 이제 우리 집에도 바보상자가 아닌 휴식을 하나 들여놓아야겠다.

가사분담 외 1편

이 한 재

나는 설거지를 잘한다. 설거지는 귀찮은 일이지만 부담이 없다. 설거지하는 요령을 나는 안다. 온가족이 모이는 설날이나 추석에도 내가 설거지를 했다. 어떤 행주치마가 편리하고 고무장갑은 어느 사이즈가 효과적인지를 안다. 아내와 며느리들과도 설거지에 대해 즐겨 이야기한다. 나는 설거지 고무장갑 사이즈는 특대를 선호한다. 꼭 맞은 것이면 설거지 후 장갑을 벗을 때 잘 빠지지 않고 뜨거운 물로 씻을 때 어려움이 있다. 식기세척기는 번거로워 이따금씩만 사용한다. 내가 설거지에 익숙하게 될 때까지는 많은 시간이 걸렸다.

최근에 '워라밸'이라는 용어를 많이 사용한다. 일과 삶의 균형이라는 뜻으로 'Work – Life Balance'의 준말이다. 70년대 후반부터 구미에서 사용되었다. 요즈음 직장을 구할 때 기업의 '워라밸'이 어느 정도인지를 따진다. 연봉을 우선시 하면서도 워라밸을 중요시한다. 연봉과 복지환경은 좋고 스트레스는 적은 직장, 출퇴근도 자기 형편에 맞게 조정하여 취미생활을 즐길 수 있는 즉, 일과 삶의 균형을 맞출 수 있는 일터다. 특히 워킹 맘들의 관심이 많으면서 진정한 워라밸은 '일·가정 양립제도'로부터 이루어져야 한다고 말한다. 2007년 개정된 '남녀고용평등과 일·가정 양립 지원에 관한 법률'도 있다. 저출

산과 고령화 시대에서 양성평등을 활성화시키기 위함이다. 그러나 아직도 우리사회는 오랫동안의 낡은 관습에서 벗어나지 못하고 있다. 바깥일은 남성이 집안일은 여성이 해야 하는 것으로 착각하는 사람들이 의외로 많다. 나도 그랬다.

70-80년대 산업화시대 출퇴근 시간은 엄격했다. 정해진 출근시간에 맞추려고 아침 일찍부터 아등바등 서둘러야 했다. 맞벌이로 살림을 꾸려가야 했던 나도 출근전쟁을 치러야했다. 출근시간이 7시지만 최소 30분전에 도착해 준비해야했다. 퇴근은 오후8시지만 해외업무는 세계 각국의 현지시간에 맞춰서 하므로 실제 퇴근은 통금시간인 12시경이 보통이었다. 별을 보며 출퇴근했다. 그렇다보니 집에서 애들과 대화는 거의 없었다. 집안일은 아내가 도맡아서 하는 것으로 생각했다. 어쩌다 공휴일에 쉬는 날이 있어도 무관심했다. 설거지 등 집안 살림은 전적으로 아내 몫이었다. 집안일을 내가 안했던 것은 회사일이 많기도 했지만 우리 사회의 구습도 한 몫 했다. 내 친구는 부엌에서 계란 프라이 하다가 자기 어머니에게 들켜서 혼쭐이 났었다. 남자가 주책없이 부엌에 들락거리면 주위에서 쪼잔한 남자라고 비웃었던 시대였다.

나는 결혼초기부터 맞벌이를 했다. 부부가 단둘이 신혼생활 시작할 무렵에는 아내가 그런대로 집안일을 잘 꾸려나갔다. 그때는 식모라고 불렀던 가사도우미가 어느 정도 돕기도 했다. 그러나 첫아이가 출생하고 둘째 셋째가 일이년 터울로 아들로만 태어나니 아내는 기진맥진이 될 수밖에 없었다. 대화를 많이 해야 하는 여고 영어선생이었기에 학교와 집에서도 말을 자주해야했다. 어린아이의 젖먹이기 시간에 맞춰 가사도우미가 포대기를 대어 업고 학교근처로 가면 10분간 쉬는 시간에 젖을 먹였다. 퇴근시간이면 녹초가 되었다. 세탁기가 없던 시절이라 애들 똥오줌은 무명기저귀로 받아 씻었다. 부잣집 구남매 중 막내딸로 태어나 도움만 받다가 가난했던 나와 결혼한 아내는 너무 힘들어 했다. 어린애들을 안고 자주 울었다. 어쩌다 가정도우미가 자기 집에라도 가게 되면 집안일이 엉망이 되었다. 내가 이른바 쪼잔한 남자가 될 수밖에 없었던 것은 절박함이었다. 나의 첫 경험은 아이들 똥오줌 기저귀를 빨래판위에서 손빨래하는 것으로 시작했다. 지금은 세탁기로 세탁하고 건조기가 건조시켜 편리하지만 그때는 세탁 후 자연건조시간이 길었다. 그래도 햇볕에 건조시키면 촉감이 좋았다. 요즈음 집에서 건조기 대신 햇볕을 자주 이용하는 이유다.

명절뿐만 아니라 수시로 온 식구가 집에 모이면 식사 후 설거지는 내가 했다. 처음에는 세 며느리와 아들들이 서로 자기가 한다고 간청했으나 내가 즐거워서 하니 절대 부담 갖지 말라고 설득했다. 아내도 나의 평소 소박한 뜻을 알고 그들을 격려하고 설득했다. 그리고 세 아들부부와 여섯 손자손녀가 차를 마시며 도란도란 이야기를 나누었다. 내가 바라고 좋아하는 순간이었다. 내 스스로 하니 나도 좋고 그들도 즐거웠다. 아내가 대만족이었다. 맞벌이 하고 있는 며느리들이 모처럼의 명절에도 쉬지 못하고 뒤치다꺼리만 하려는 것이 싫었다. 온가족이 함께 해외 근무할 때도, 자식들이 분가하여 그들 가족과 함께 해외 근무할 때도, 아내는 식사준비를 나는 설거지와 세탁 등을 도왔다. 미국에서는 손주들의 학교 등하교시에 자동차로 데려다주고 데려왔다. 손주들이 고등학생이 된 후부터는 부엌일보다는 그들이 수신제가修身齊家하며 삶의 균형을 이루어가는 지혜를 돕고 있다.

내가 집안일에 무관심할 때는 직장에서 월급봉투만 가져다주면 집안일이 모두 해결되는 것으로 착각했다. 세탁기만 있으면 빨래일이 끝나는 것으로 생각했듯이. 세탁기에서 세탁 후 건조기에 옮기고 건조되면 옷가지 종류별로 정리하여 서랍이나 옷장에 넣어야 한다. 계절별로 옷장에서 꺼내고 넣는 것 역시 복잡하다. 지금 아내와 단 둘이 살면서 내 옷가지만 챙겨도 헷갈리는데 온 식구의 옷가지를 계절별로 정리하기는 더 힘들었을 것이다. 설거지와 빨래는 기본, 시장보고 식사 및 요리준비며 자식들 학교 뒷바라지, 청소 등 집안일은 해도 해도 끝이 없다. 요즈음은 직장인의 근무시간도 줄어들고 워킹맘을 위해 출산휴가와 직장 내 수유 실은 물론 어린이집을 운영하기도 한다. 남자들도 출산휴가를 갖게 되는 등 맞벌이 삶도 개선되고 있다. 그러나 진정한 워라밸 실현을 위해서는 오랫동안 지속되어온 낡은 관습을 탈피하여 가족 모두가 설거지를 포함한 집안일을 보다 많이 거들어야 할 것 같다.

– 2019. 10. 10.발표

구슬이 서 말이라도

이 한 재

공기가 우리를 감싸고 있는 것처럼 소리도 언제나 우리를 감싸고 있다. 좋은 음악은 인간의 병을 치료하기도 하고 임신부들은 태교음악으로 듣기도 한다. 식물도 좋은 음악을 좋아한다고 한다. 미국 '도로시 리탈랙' 교수가 쓴 『음악과 식물』에서 저자는 '식물에게 부드러운 음악을 들려주면 줄기가 스피커를 감싸는데 비해, 록이나 헤비메탈 같은 시끄러운 음악은 반대로 도망치고 도중에 죽어버렸다'고 기록했다. 강아지와 고양이 같은 반려동물도 좋은 음악을 들려주면 비록 음악의 리듬을 이해하지 못해도 얌전해지고 편안한 상태가 되기도 한다고 한다. 음악은 인간의 정서적인 느낌을 일으키고 행복감을 느끼게 하며 감정을 흥분시키거나 때론 슬프게도 한다. 나는 계절에 따라 비발디의 사계를 듣거나 마음이 무거울 때는 '베토벤 교향곡 5번 운명'을 들으면 정서적으로 안정감을 느낀다. 수없이 많은 소리 중에서 좋은 음률을 선택하는 것처럼 인류는 세상의 삼라만상에 흩어진 모든 것들 중에서 필요한 것들을 취사선택하고 있다.

우리 집 거실 책장에 각종 트로피들을 오랫동안 보관하고 있다. 트로피 받을 때가 엊그제 같은데 벌써 수 십 년이 지났다. 어떤 것은 스테인리스 제품이므로 지금도 녹슬지는 않았지만 더 고가라고 생각

되는 순은으로 제작된 트로피들은 검게 변색되어 보기가 흉물스럽다. 언젠가는 수건에 치약을 묻혀서 닦아 본적이 있는데 골프장에서 처음 수상할 때처럼 찬란한 빛이 번쩍이며 그 순간의 축하박수와 환호 음성들이 쏟아져 나왔다. 참가했던 동료들이 우승 트로피에 축하주라고 따라주던 시원한 맥주를 벌컥벌컥 마시며 즐거워했던 순간이 눈에 선했다. 그 후 방치했더니 시나브로 변색되며 녹이 슬어서 또다시 보기 흉하게 되었다. 게으른 탓으로 빛을 어둠에 가둬두고 있다. 변색되어 가고 있는 트로피처럼 우리주변엔 능력이 아주 많은 사람들이 빛을 보지 못하고 그냥 저냥 사는 사람들이 의외로 많은 것 같다.

축구와 야구 또는 농구 경기를 시청하기를 좋아한다. 경기에서 발재주가 현란할 정도로 축구공을 잘 처리하여 골인하는 선수도 있지만 실수로 공을 놓치는 선수도 허다하다. 이러할 때에 나는 감독이 실수한 선수를 보면서 어떻게 행동하는가를 유심히 본다. 유명감독일수록 엄지손가락을 치켜세우거나 박수를 치며 괜찮다고 표시하는 것을 자주 목격한다. 농구나 배구에서도 감독뿐만 아니라 선수들끼리 서로 박수치며 격려하기도 한다. 실수한 선수의 능력을 알기 때문에 그가 그 실수로 인하여 위축되지 않게 하고 기를 살려주기 위함일 것이다. 응원의 목소리는 운동경기에서 운동선수에게 신바람이 나게 한다고 한다. 칭찬을 받으면 바보도 천재로 바뀐다고 하며 온달을 장군으로 만든 것은 평강공주의 애정 어린 칭찬이 있었기에 가능했다.

누구나 사소한 것이라도 칭찬을 받으면 기분이 좋다. 오랜만에 만난 친구가 빈말이라도 네 얼굴이 많이 좋아졌다고 말하면 아무 말 없는 친구보다 호감이 더 간다. 내가 시詩를 계속 창작하게 된 배경도 칭찬받은 후부터다. 전국 창작시 공모에서 은상으로 채택되어 세

종문화회관에서 수상하게 된 것을 계기로 등단도 하게 되고 영시 창작도 계속하게 되었다. 미국 뉴욕 근교 허드슨배리 작가 센터에서 수강할 때 담당선생 제니퍼 시인과 수강 학생들이 나의 시를 칭찬을 했던 것도 한몫 했다. 물론 서양인들은 아주 사소한 것에도 의례적으로 칭찬을 참으로 많이 하므로 대수롭지 않게 생각했지만 싫지는 않았다.

나는 남에게 가능하면 칭찬을 많이 하려고 한다. 진심을 다하여 웃어 보이려고도 한다. 자식들에게도 칭찬을 많이 하려고 한다. 손주들이 내 생일날 선물한 생일카드에 '할아버지는 칭찬을 자주해 주시니 좋아요'라고 이따금씩 쓴다. 나는 아내에게도 칭찬을 많이 하려고 노력한다. 다만 자동차 운전할 때는 잘한다는 말을 하지 않는다. 운전은 조심 또 조심해서 해야 할뿐만 아니라 칭찬으로 주의가 흩어질 수도 있기 때문이다. 아내가 탁구나 골프 같은 운동을 할 때도 신바람이 나도록 칭찬을 많이 한다.

거실 책장 속 은제품 트로피 중에서 한 개는 해외생활하면서 친선골프대회에서 아내와 부부 팀으로 참가하여 수상한 것인데 그때도 칭찬이 효과를 냈다. 2인이 1팀이 되어 하나의 골프공으로 경기하는 방식이었는데 18홀 중 파5의 마지막 홀 이전까지 우리는 선두와 무려 5타차나 뒤져있었다. 마지막 홀은 소위 아멘홀로 불릴 정도로 어려운 홀이었다. 그린 앞뒤와 옆에 3개의 그린사이드 벙커가 있었는데 우리와 마찬가지로 선두 부부팀도 벙커에 공이 빠졌다. 아내는 평소에 그 벙커에서 공을 그린으로 올리는 것을 무척 부담스러워 했는데 그 날은 한 번에 쳐올렸으나 선두팀은 온탕냉탕을 여러 번 한 후에 올리게 되어 우리가 역전승하였다. 아내는 수상식장에서 참가자들이 우승 소감을 묻자 오비가 나고 러프나 벙커에 공이 들어갔을 때도 같은 팀원의 칭찬으로 쉽게 빠져나올 수 있었다고 말했다.

천재와 천치는 종이 한 장 차이라는 말이 있듯이 각개인의 잠재력은 넓게 보면 비슷하지만 그것을 어떻게 꺼내서 이용하느냐가 중요한 것 같다. 평범한 옷이나 음식이라도 취급하는 사람에 따라서 때깔이 차이가 날 수가 있다. 변색된 것을 닦거나 칭찬을 하듯이 어떻게 동기를 부여하느냐에 따라서 더 찬란한 빛을 낼 수도 있고 잠재력이 깨어나기도 할 것이다. '구술이 서 말이라도 꿰어야 보배'라는 속담이 있다. 주변에 구슬이 아무리 많아도 꿰지 않으면 허공에 흩날리는 선택받지 못한 수많은 소리와 같이 이 세상 모든 잠재력도 그것을 꺼내지 않으면 아무도 모르게 그저 스러져갈 것으로 생각된다.

– 2019. 11. 28. 발표

인생의 커튼콜 외 1편

전 명 주

아빠가 돌아가셨다. 슬펐다. 슬픔이란 그런 것이었다. 그것은 너무나 깊고 짙고 생경한 것이어서 지금까지 슬픔이라고 느꼈던 것은 사실 슬픔이 아닌 것처럼 느껴졌다. 말도 많고 정도 많은 살가운 아빠였는지라 애교라고는 찾아볼 수 없는 이 무뚝뚝한 딸에게 그 슬픔은 더욱 쉽게 가시지 않았다.

아빠는 엄마가 같이 쇼핑을 할 수 있는 대한민국에서 참 찾아보기 힘든 남편이었다. 엄마가 장보기라도 부탁하면 너무나 신이 나서 장보기를 즐겼고, 사은품이라도 주는 상품은 미리 알고 귀신같이 챙겼다. 엄마도 아닌 아빠가 그러는 것이 어렸을 적엔 창피하기도 했다. 엄마 옷이라도 사러가는 날이면 엄마가 맘에 드는 옷뿐 아니라 아빠가 엄마에게 입혀보고 싶은 옷까지 다 입어봐야 해서 남동생과 나는 그 시간을 기다리는 것이 가끔은 지루하기까지 했다. 내가 막 대학새내기가 되었을 때 아빠는 외국 출장을 다녀오며 아직 화장도 하지 않는 내 선물로 각종 색조화장품을 잔뜩 사다 주셨다. 커다란 기차레일이 방을 가득 채우도록 달리는 장난감 기차나 신형 오락게임도 동생은 늘 아빠와 함께 가지고 놀았다. 손녀의 100일 잔치를 앞두고는 이제 아이 맡기고 외출하라며 애 엄마가 된 나에게 원피스를 사주셨다. 물론 내 새 옷도 엄마 옷을 사는 과정과 다르지 않았다. 아마 그때 말 못하던 내 딸아이는 나와 내 동생이 언젠가 경험했던 감정을 똑같이 느꼈을지도 모르겠다. 그리고 아내와 딸의 옷을 지루할 정도로 골라주던 그런 아빠는 이제 더 이상 내 곁에 없다.

아직도 두고두고 생각나는 기억이 있다. 항상 명동 롯데백화점 앞에서 인형 옷을 사다주던 아빠의 모습이다. 지금은 한류스타의 사진이 내걸려있고 관광객들로 넘쳐나는 곳이지만, 그때엔 가장 유행하는 새로운 인형 옷을 살 수 있는 곳이 바로 소공동이었다. 인터넷으로 쇼핑하던 시대도 아니었고, 요즘처럼 어디에나 대형 장난감몰이 있지도 않았던 그때엔 꼭 그곳에 모여앉아 인형 옷이며 장신구를 팔던 아주머니들에게서 직접 사오는 수밖에 없었다. 어느 저녁엔가 무척이나 피곤한 얼굴로 아빠는 어김없이 인형 옷을 사다주셨다. 그런 아빠에게 딸이 한다는 소리가 고작 "피곤하면 그냥 오지 뭐 하러 거기까지 갔다 와" 였다. 그것도 흐뭇하게 인형 옷을 매만지면서. 지금 생각해도 참 못돼먹었다. 고맙다는 한마디가 그렇게 쑥스러웠을까.

장례절차가 다 끝나고 오래 지나지 않아 그저 내 마음 편하자고 엄마를 우리 집으로 모셔왔다. 그리고 아무 일 없었던 사람들처럼 서로의 마음을 감추며 겨우 살아갈 만 할 즈음, 이 철없는 딸은 그저 친정엄마가 곁에 있다는 것이 편하고 좋았다. 슬픔의 앙금이 바닥에 채 가라앉기도 전에 엄마를 모셔온 이유는 벌써 잊어버린 채, 아이를 부탁하고 좋아하는 공연 한편 보겠다고 신나게 집을 나선다.

하지만 이미 오래전 예매를 하고, 며칠을 벼르고 별러 한껏 설레며 힘겹게 객석에 앉은 시간은 너무도 빨리 끝이 난다. 온전히 사로잡혔던 2시간 남짓의 시간은 사라지고 매몰차게도 조명은 꺼져버린다.

끝난걸 알아도 금세 자리를 뜨기가 싫다. 마차가 호박으로 변해버린 신데렐라처럼 괜히 초라하고, 방금 산 아이스크림을 뺏겨버린 아이처럼 서운한 맘이 든다. 바로 그 순간, 배우들이 다시 뛰어나와 인사를 한다. 운이 좋은 날은 좋아하는 배우의 사진을 찍는 기회도 주어지고, 아예 극중 노래 한곡을 다시 들려주기도 한다. 작품을 잘 봐줘서 고맙다고, 즐겁게 보았으니 이제 그만 서운해 하고 어서 가라고 토닥이는 것 같다. 집으로 돌아오는 길은 여전히 아쉬워도 그런대로 흐뭇하다. 그러면 아무렇지도 않을 아줌마의 밤은 꽤나 근사해진다.

가끔은 인생에도 이런 순간이 있음 싶을 때가 있다. 신이 보기에도 꽤 착실하게 지낸 어느 날, 내 인생의 한 순간을 되돌려주는 것이다. 끝나버린 공연무대 위에 배우들이 재등장하듯 잠깐이라도 아빠가 다시 나타나 나에게 선물을 안겨준다면 좋겠다. 이 무뚝뚝한 딸내미는 이번에는 아빠를 향해 달려가며 아빠를 끌어안고 “아빠 고마워요, 사랑해요!”하고 얘기하고 싶다. 혹시나 아무렇지도 않을 아빠의 어느 저녁이 조금은 더 행복해지지 않을까.

– 2019. 9. 26.

겨울의 약속

전 명 주

첫눈이다, 아니다, 사실 애매하지만 나도 일단은 아니다 쪽에 한 표다. 분명 흰 가루가 살짝 날리는 걸 보기는 했다. 하지만 눈송이도 너무 작고 누구나 볼만큼 긴 시간 내린 것도 아닌 데다, 바닥에 쌓이지도 않았다. 그러니 제대로 된 첫눈은 아직 아니다. 첫눈을 핑계로 반갑게 만날 사람이 있다거나 스키, 스케이트 같은 겨울스포츠를 즐기는 것도 아니다. 본격적인 겨울이 온다고 해서 딱히 좋을 일하나 없는데 첫눈은 늘 까닭도 없이 기다려진다. 아마 한번도 약속을 져버리지 않고 꼬박꼬박 우리를 찾아오는 성실함 때문에, 바람맞을 일 같은 건 없으리란 걸 잘 알기에 마음 놓고 기다리게 되는 존재인지도 모르겠다.

나는 겨울을 좋아한다. 11월말에서 12월이 시작되는 시기, 가을이 끝나고 겨울로 들어서는 그때가 좋다. 넘치도록 색을 끌어안았던 단풍이 수수해지고, 갈색이 짙어져 검정에 가까운 나목(裸木)이 나오는 그때가 이상하게도 좋다.

잎사귀가 없어져 가지를 드러낸 나무는 잘 지어진 건물의 단단한 골조를 보는 것 같아 5월의 신록보다 믿음직하다. 저렇게 다부진 몸이기에 그 많은 잎사귀들을 거느리고 있었구나 싶다. 시야가 더 또렷

해지고, 찬 기운을 한껏 머금은 이맘때의 하늘은 열대야 앓는 여름날의 그것보다 명징(明澄)하다. 짙어진 겨울나무의 색은 지나간 계절의 모든 기억을 품고 있는 듯하다. 그저 오래되어 어두워진 것이 아니라 봄, 여름, 가을의 수많은 사연이 모두 합해져 만들어진 검정이기에 알록달록한 가을의 색보다 기품이 있다.

겨울은 얼어붙는 계절이 아니라 준비하는 계절이다. 동물들은 움직임을 위해 잠을 청하고 식물들은 다시 피어나기 위해 쉬어가는 때이다. 새로운 일을 계획하고 긴 미래를 내다보는 시간이다. 겨울이 좋은 것은 불꽃처럼 폭발하는 찰라보다 변치 않을 영원에 대해 알고 있는 것 같아서다. 모두의 이야기들을 노래로 만들어 추위와 어둠을 묵묵히 견뎌내는 계절이라 생각되기 때문이다. 우리도 그 계절을 조용히 따라만 가면 어느새 따뜻한 바람도 찾아오겠지. 삶도 사랑도 그럴수만 있다면 얼마나 좋을까. 그저 버티는 것만으로 닿을 수 있다면.

오기 힘든 것들을 대신해 내리는 첫눈의 우직함으로 삶은 우리에게 의리를 지켜낸다. 어쩌면 그저 기다리기만 하면 되는 일도 세상에 있다고 알려주는 계절의 약속. 그런 계절의 차가움은 달궈진 서러움마저 바람에 식혀주고 간다. 참은 눈물 떨구듯 겨울이 눈을 내리면 세상은 잘못하나 없는 하얀 동화속 세상이 되고 겨울은 또 우리에게 희망을 떠넘긴다.

– 2019. 12. 12.

이 도서의 국립중앙도서관 출판예정도서목록(CIP)은 서지정보유통지원시스템 홈페이지(http://seoji.nl.go.kr)와 국가자료공동목록시스템(http://www.nl.go.kr/kolisnet)에서 이용하실 수 있습니다.

(CIP제어번호 : CIP2020000730)

2019년 여울문학회 엔솔로지 21집

하늘을 쳐다봅니다

초판인쇄일 2020년 1월 15일
초판발행일 2020년 1월 20일

지은이 : 이영승 · 문학회 외
펴낸곳 : 여울문학회

출판사 : 도서출판 문학공원
펴낸이 : 김순진
편집장 : 전하라
디자인 : 김초롱
등 록 : 2004년 3월 9일 제6-706호
주 소 : (우편번호 03382)서울 은평구 통일로 633
녹번오피스텔 501호 스토리문학사
전 화 : 02-2234-1666
팩 스 : 02-2236-1666
홈페이지 : http://cafe.daum.net/yob51
이메일 : 4615562@hanmail.net